정리로 시작하는
인생
리셋

생각·시간·공간을 다시 세우다

정리로 시작하는 인생 리셋

정경자 지음

한국경제신문

관계를 비추는 거울,
정리

여자들은 옷장 문을 열며 "입을 게 하나도 없다"라고 하고, 아이들과 남자들은 냉장고 문을 열며 "우리 집은 먹을 게 하나도 없다"라고 합니다. 옷장에는 옷이 가득하고, 두세 대나 되는 냉장고도 이미 꽉꽉 채워져 있는데도 말입니다.

지금 당장 입을 옷이나 먹고 싶은 것이 없다는 표현을 우리는 그렇게 합니다. 상대가 나를 조금만 이해해준다면 그 말의 의미를 알 수 있을 텐데, "무슨 소리야? 이렇게 많은데"라고 반응해버려 기분이 상하고 마음에 상처를 입기도 합니다.

가족, 연인, 친구, 동료……, 우리가 맺는 모든 관계에는 '거리'가 있습니다. 이 관계의 거리는 좁힐 수도 있고, 넓힐 수도 있으며, 관계 자체를 완전히 정리할 수도 있습니다.

공간을 함께 사용하는 사람끼리는 정리가 곧 소통 방식이 될 수 있습니다.

태어나 죽을 때까지 끊임없이 반복하는 비움과 채움

우리는 태어나 죽을 때까지 끊임없이 비움과 채움을 반복합니다.
뭔가를 새롭게 맞이하는 기쁨만큼이나, 익숙한 뭔가를 떠나보내는 불안과 두려움도 큽니다.
왜 쓰지도 않는 것, 낡은 것을 버리지 못할까요?
정리는 단순히 물건을 버리는 일이 아니라, 마음과 삶을 정리하는 치유 과정입니다.

살리는 일,
정리

정리는 마음을 치유하고, 다시 살아갈 힘을 줍니다. 주변 물건들이 제자리를 찾을 때, 우리 마음은 비로소 평안과 안정을 찾습니다.
물건을 분류하고, 꼭 필요한 것만 남기는 과정은 곧 삶의 우선순위를 정하는 훈련입니다.
어수선함에 짓눌려 숨어 있던 나라는 사람을 다시 세상 밖으로 불러내 온전한 평화 속에서 집중할 수 있는 힘을 선물하는 일, 그것이 바로 사람을 살리는 정리입니다.

프롤로그

공간은 삶의 흔적, 정리는 인생의 리셋

인생을 정리할 수 있는 리셋 버튼이 있다면 어떻게 하시겠습니까?

살다 보면 처음부터 다시 시작하자고 결심하게 되는 순간이 있습니다. 하지만 마음을 먹는다고 해서 삶이 곧바로 달라지지는 않습니다. 정리도 마찬가지입니다. 하루아침에 끝낼 수 없죠.

정리라는 단어를 들으면 뭐가 가장 먼저 떠오르나요? 혹시 눈앞에 쌓여 있는 옷가지, 꽉 찬 서랍, 어수선한 책상, 또는 손이 닿지 않는 창고 구석을 떠올리지는 않았나요?

많은 사람이 정리를 치우는 일, 버리는 일, 공간을 확보하는 일로 인식합니다. 그러나 정리의 본질은 단순히 물건의 양을 줄이거나 공간을 효율적으로 활용하는 것이 아닙니다. 정리는 삶 전체를 다시 조율하고 재구성하는 과정입니다. 물건을 비우는 일처럼 보이지만, 사실은 자신의 생각을 정리하고 감정을 정돈하며 삶의 중심을 다시 세우는, 인생의 리셋 버튼을 작동시키는 행동입니다.

우리는 정리를 통해 뭘 얻을지보다 더 중요한 질문, 즉 어떤 삶을 살고 싶은지에 답합니다. 정리는 물리적인 변화에서 시작하지만, 마음 깊숙한 곳까지 영향을 미쳐 삶을 대하는 태도를 바꿉니다. 서랍 하나를 정리하면서 무의식적으로 선택과 결정을 반복합니다. 남길 것과 버릴 것을 구분하고, 그 과정에서 자신에게 진짜 필요한 것이 뭔지를 자문합니다. 단순한 행동 같지만, 그 속에서 삶의 우선순위를 다시 정하고 방향을 다시 설정합니다. 그렇기에 정리는 단순한 기술이 아니라 삶을 다루는 태도이자 철학입니다.

공간을 정리하는 것은 곧 시간을 정리하는 일이며, 결국 삶의 질서를 되찾는 일입니다. 우리의 인생은 한곳에 머물지 않습니다. 끊임없이 변하고 움직이는 삶에 맞춰 우리가 살아가는 공간 또한 유연하게 변해야 합니다. 그런데도 많은 사람이 여전히 과거의 물건, 지나간 관계, 이미 끝난 역할에 머무른 채 지금의 자신에게 맞지 않는 공간에서 살아가고 있습니다.

정리는 바로 이 불균형을 바로잡는 과정입니다. 삶의 속도에 맞게 공간을 조율하고, 공간의 구조를 바꿔 삶의 방향을 다시 바로잡는 일입니다. 즉 정리는 어제의 내가 아닌 오늘의 내게 어울리는 삶의 공간을 새롭게 설계하는 일입니다. 정리는 더 이상 물건을 버리는 기술이 아니라, 변화에 적응하며 나를 새롭게 정의하고 삶을 리셋하는 힘입니다.

이 책에서 바로 이 인생을 리셋하는 정리 기술을 이야기하려 합니다.

사람은 태어나서 자라고, 사랑하고, 가족을 이루고, 또 헤어지기도 합니다. 시간이 흐르면서 다른 역할을 맡고, 그때마다 삶을 담는 공간의 형태와 의미도 달라집니다. 어떤 시기에는 넓고 자유로운 공간이 필요하고, 어떤 시기에는 혼자만의 독립된 공간이, 또 어떤 시기에는 안전하고 따뜻한 공간이 필요합니다. 삶이 변하듯 공간 또한 유연하게 변해야 합니다.

아이에게는 안전, 청소년에게는 자기만의 영역, 청년에게는 효율과 독립성, 중년에게는 균형과 배려, 노년에게는 평안과 안정이 필요합니다. 이처럼 생애주기마다 욕구가 달라지고, 이에 맞춰 공간도 새롭게 구성돼야 합니다.

그러나 우리는 이런 변화에 따라 공간을 정리하고 조율하는 법을 배워본 적이 없습니다. 그 결과, 삶이 변하는 속도를 공간이 따라가지 못합니다. 정체된 공간 속에서 답답함과 피로를 느끼며 살아갑니다. 변화하는 삶의 요구를 담아내지 못하는 공간은 곧 스트레스의 근원이 되며, 결국 삶의 주도권을 앗아가 버립니다. 공간은 단지 물건이 놓인 장소가 아닙니다. 공간에는 생각의 흔적, 시간의 리듬, 관계의 결이 켜켜이 쌓여 있습니다.

공간은 그 사람의 삶을 비추는 거울과 같습니다. 정리는 자신의 삶을 다시 바라보고, 재정비하며, 리셋하는 능동적 행위입니다.

뭘 남기고, 뭘 비우며, 어떤 마음으로 공간을 채워나갈지는 결국 "나는 어떻게 살아가고 싶은가?"라는 근본적인 질문으로 이어집니다.

수많은 고객의 공간과 삶을 컨설팅하며 깨달은 것이 있습니다. 공간에 쌓인 물건은 곧 마음속에 쌓인 잡념과 낭비된 시간이라는 사실입니다. 그래서 공간 정리보다 우선해야 하는 것이 바로 생각 정리입니다. 정리하려는 마음의 문이 열리지 않는다면, 아무리 공들여 정리한 공간도 모래 위에 쌓은 성처럼 쉽게 무너집니다. 정리가 필요한 곳은 단지 물건이 넘쳐흐르는 방뿐만이 아닙니다. 마음과 생각도 정리가 필요합니다.

이 책은 영아기부터 노년기까지, 인생 전 과정을 따라가며 시기마다 필요한 정리의 포인트를 세 가지 관점으로 나눠 다뤘습니다.

- 첫째, 생각 정리는 복잡한 마음과 선택을 정리하고, 삶의 우선순위를 바로 세우는 법을 다룹니다.
- 둘째, 시간 정리는 하루의 리듬을 회복하고, 목표를 달성하기 위해 시간을 효율적으로 사용하는 법을 다룹니다.
- 셋째, 공간 정리는 삶의 단계에 맞는 물리적 환경을 설계해 새로운 변화를 담는 법을 다룹니다.

이 세 가지 축은 놀라울 만큼 긴밀하게 연결돼 있습니다. 마음이 정리돼야 시간의 우선순위가 잡히고, 시간을 확보해야 비로소 공간을 정리할 에너지를 얻을 수 있습니다.

생각 정리는 삶의 방향과 가치관을 명확히 하고, 마음을 복잡하게 만드는 걱정, 미련, 집착 등을 걷어내 진정으로 남기고 싶은 가치와 목표를 드러나게 합니다. 이는 뭘 버릴지, 뭘 남길지를 결정하는 근본적인 기준을 만들어줍니다.

시간 정리는 낭비되는 하루를 회수하고 삶의 리듬을 되찾아 주며, 늘 바쁘기만 한 삶이 아니라 가치 있는 일에 집중하는 효율적인 삶을 만들어줍니다.

공간 정리는 새로운 삶을 담아낼 그릇을 설계하는 일입니다. 물건을 다루는 방식을 통해 소비 습관, 인간관계, 생활 습관을 돌아보고, 주거 환경을 바꿔 새로운 생각과 습관이 자연스럽게 자리 잡도록 돕습니다.

결국 정리는 삶을 조율하는 가장 강력한 기술입니다. 모든 긍정적 변화는 정리에서 시작됩니다. 정리수납 전문가로서 제가 하는 일은 단순히 물건을 줄이는 행위가 아니라, 이 세 가지 축을 생애주기에 맞춰 조율해 고객의 삶에 리셋 버튼을 눌러주는 것입니다.

지금까지 정리 관련 서적은 많았지만, 이처럼 영아기부터 노년기까지 전 생애를 따라가며 정리 포인트를 생각, 시간, 공간의 세 가지 관점에서 입체적으로 제시한 책은 없었습니다. 이 책은 제가 정리수납 전문가로서 수많은 삶의 현장을 누비며 쌓아온 경험의 결과물입니다.

이 책은 생애주기별 맞춤, 통합적 접근, 실용성과 전문성의 조화라는 세 가지 축을 중심으로 구성됐습니다.

첫째, 생애주기별 맞춤이란 생애주기마다 달라지는 원하는 것, 역할, 삶의 조건에 맞춘 정리를 뜻합니다. 어린 시절의 방 정리, 가정을 꾸린 이후의 공간 관리, 노년기 삶을 가볍게 하는 생전 정리, 생애주기마다 서로 다른 목표와 감정, 기술을 필요로 합니다. 이 책은 여러분이 지금 어느 시점에 있든, 그 시점에 꼭 맞는 정리의 목적과 방법을 스스로 선택할 수 있도록 안내합니다.

둘째, 통합적 접근이란 정리가 단순히 물건을 줄이고 공간을 정돈하는 행위가 아니라는 사실에서 출발합니다. 정리는 생각, 습관, 시간 사용 방식, 관계를 대하는 태도까지 함께 바꾸는 과정입니다. 이 책은 공간 정리에서 그치지 않고, 마음과 생활 전반이 자연스럽게 정리되는 지속 가능한 변화의 흐름을 제안합니다.

셋째, 실용성과 전문성의 조화를 통해 다양한 독자가 이 책을 자신의 필요에 맞게 활용할 수 있도록 했습니다. 정리수납 전문가를 꿈꾸는 이에게는 현장에서 바로 적용할 수 있는 고도화된 서비스 기준과 고객 맞춤 컨설팅 전략을 제시합니다. 전문적인 지식이 부담스러운 일반 독자에게도 정리를 어렵지 않게 시작하고, 삶 속에서 자연스럽게 이어갈 수 있도록 따뜻하고 실천적인 가이드를 제공합니다.

각 장은 생애주기별로 달라지는 정리 포인트를 구체적으로 다루며, 실생활에 바로 적용할 수 있는 핵심 정리법을 팁으로 제시했습니다. 또한 현장에서 자주 받는 질문을 Q&A 형식으로 풀어냈습니다.

어떤 이는 아이 장난감으로 가득한 거실에서, 어떤 이는 부모님의 유품을 정리하며, 또 어떤 이는 홀로 사는 공간에서 이 책을 펼칠 것입니다. 상황은 다르지만, 한 가지 공통점이 있습니다. 공간은 사람을 담고, 사람은 공간을 닮습니다. 잘 정리된 공간은 보기 좋은 집을 만드는 것이 아니라 시간을 절약하고, 마음을 안정시키며, 가족 간의 관계를 부드럽게 하고, 생각을 명료하게 정리할 수 있도록 돕습니다. 정리의 힘은 상상보다 훨씬 크며, 그 변화는 여러분의 인생을 통째로 리셋할 만큼 강력하고 놀랍습니다.

현재 어떤 공간에 있든 상관없이, 이 책이 여러분의 삶에 정리로 시작되는 놀라운 리셋을 선물하길 진심으로 바랍니다.

이 책은 생애주기별 변화와 요구를 기반으로, 영유아 자녀를 둔 부모 → 청소년 → 청년 → 중장년 → 노년까지 각 시기에 필요한 정리의 관점과 방법, 그리고 마음가짐을 안내합니다.

여러분이 어떤 시기를 보내고 있든 이 책을 통해 삶의 질서를 되찾고, 새로운 출발을 준비할 수 있을 것입니다.

정리는 단순한 행위가 아닙니다. 정리는 곧 삶을 새롭게 디자인하는 힘이며, 여러분을 다시 살아 숨 쉬게 하는 인생의 리셋 버튼입니다. 정리로 시작되는 삶의 변화는 여러분의 인생을 다시 흐르게 할 것입니다.

이제 생애주기별 정리를 시작해보시기 바랍니다.

2026년 1월
한국정리수납협회 회장
정경자

정리로 시작하는
인생 리셋

차례

7장
단순하고 편안한 정리, 노년기

부록

시작하기 전에

정리는 관계를 비추는 거울이다

정리는 늘 우리 삶 한가운데 존재합니다.

우리는 매일 뭔가를 사고, 정리하고, 다시 비워냅니다. 그러나 '정리'라는 단어가 주는 울림은 사람마다 다릅니다. 어떤 사람은 정리를 떠올리면 마음이 편안해지고 머릿속이 정돈되는 느낌을 받지만, 또 다른 사람은 부담스럽고 때로는 관계를 흔드는 갈등의 시작점이라고 느끼기도 합니다.

"뭘 남기고, 뭘 버릴 것인가?"

"남긴 물건은 어디에, 어떻게 둘 것인가?"

이 단순해 보이는 질문이 때로는 가족 간의 다툼이 되고, 서로에게 오랫동안 상처를 남기기도 합니다. 작은 그릇 하나, 낡은 옷 한 벌, 오래된 책 한 권을 두고도 의견이 엇갈립니다. 한 사람은 "이제 쓸모없는 짐이야"라고 말하고, 다른 사람은 "아직 쓸 수 있고, 추억이 담겨 있어"라고 말합니다.

이처럼 정리는 삶을 대하는 태도의 차이를 드러냅니다. 어떤 사람은 정돈된 공간에서 마음의 안정을 얻고, 또 다른 사람은 익숙한 혼잡 속에서 위로를 느낍니다.

중요한 것은 그 '다름'을 인정할 수 있느냐입니다. 상대의 방식이 자신과 다르면 "비효율적이다", "엉망이다", "이해할 수 없다"라고 판단하며 관계의 문을 닫아버리는 일이 종종 있습니다. 정리는 그렇게 상대와의 관계를 비추는 거울이 됩니다. 그 거울에는 단지 어질러진 물건만이 아니라 서로를 향한 기대, 오해, 미련, 애착, 그리고 사랑의 방식이 고스란히 비칩니다.

정리하는 순간은 감정이 가장 예민해지는 순간이기도 합니다. '이 물건을 버려야 하나, 말아야 하나'라는 고민 속에는 단순한 물질적 선택이 아니라, 추억과 시간에 대한 감정적 연결이 숨어 있기 때문입니다. 그래서 가족이 함께 정리하다 보면 자주 갈등이 생깁니다. 자녀는 부모의 낡은 물건을 버리고 싶어 하지만, 부모는 그것을 당신 인생의 일부라 여깁니다. 부부는 배우자의 물건을 쓸모없는 짐이라 생각하지만, 사실 그 물건은 상대에게 소중한 자기 증명입니다. 결국 물건을 둘러싼 갈등은 단순한 정리의 문제가 아니라, 서로를 이해하지 못하는 마음의 거리입니다.

2000년대 초, 캐나다에 머물던 시절의 일입니다. 우연히 TV

에서 정리 관련 프로그램을 봤습니다. 정리수납 전문가가 정리 문제로 스트레스를 받는 부부를 돕기 위해 가정을 방문했죠. 그 전문가의 솔루션은 놀라울 만큼 간단했습니다.

남편과 아내에게 각각 바구니를 하나씩 주며 이렇게 말했습니다. "10분 동안 배우자의 물건 중 꼭 버렸으면 하는 걸 담아 오세요."

10분 뒤, 두 사람은 각자의 바구니를 꽉 채워 들고 나타났습니다. 그리고 그 순간, 거실은 순식간에 전쟁터가 됐습니다.

"그게 얼마짜린데!"

"그건 내 인생의 추억이야!"

상대가 자기 물건에 손을 댄 순간, 감정의 뚜껑이 열려버린 것입니다.

전문가가 남편에게 조용히 물었습니다. "왜 그 물건을 버리고 싶으셨나요?"

남편은 아내의 하이힐을 들어 올렸습니다. "이 신발, 한 번 신고 발이 아프다고 7년째 신지 않았어요. 이제 다시 신을 일도 없잖아요."

아내는 멈칫했습니다. "벌써 7년이나 됐다고?"

그 신발은 이미 아내에게 필요한 것이 아니라, 새것이라서 버리면 안 되는 물건일 뿐이었습니다.

이번에는 아내가 남편의 낚싯대를 꺼냈습니다. “결혼 초에 낚시를 해보겠다고 산 거예요. 한 번 쓰고 그대로 방치돼 있잖아요. 이제는 다시 쓸 일도 없을 것 같아요.”

남편은 잠시 웃더니 말했습니다. “그렇네. 나도 잊고 있었어.”

그 순간, 두 사람은 깨달았습니다.

자신의 기준으로 상대의 물건을 버리라고 하는 것이 중요한 게 아니었습니다. 상대가 그 물건을 어떻게 생각하고 있는지 그 마음을 이해하고, 대화를 통해 스스로 물건을 정리할 수 있도록 도와야 했습니다.

그 프로그램은 단순한 정리 예능이 아니었습니다. 물건을 정리하며 서로의 마음을 읽고, 관계를 다시 잇는 감정 회복 프로그램이었습니다.

여자들은 옷장 문을 열며 “입을 게 하나도 없다”라고 하고, 아이들과 남자들은 냉장고 문을 열며 “우리 집은 먹을 게 하나도 없다”라고 합니다. 옷장에는 옷이 가득하고, 두세 대나 되는 냉장고도 이미 꽉꽉 채워져 있는데도 말입니다. 지금 당장 입을 옷이나 먹고 싶은 것이 없다는 표현을 그렇게 합니다. 상대가 나를 조금만 이해해준다면 그 말의 의미를 알 수 있을 텐데, “무슨 소리야? 이렇게 많은데”라고 반응해버려 기분이 상하고 마음에 상처를 입기도 합니다.

가족, 연인, 친구, 동료……, 우리가 맺는 모든 관계에는 '거리'가 있습니다. 이 관계의 거리는 좁힐 수도 있고 넓힐 수도 있으며, 관계 자체를 완전히 정리할 수도 있습니다. 공간을 함께 사용하는 사람끼리는 정리가 곧 소통 방식이 될 수 있습니다. 누군가의 정리 습관은 그 사람의 사고방식이고, 상대의 물건을 대하는 태도는 관계의 거리를 보여줍니다.

때로는 버림을 통해 오해를 지우고, 때로는 채움을 통해 배려를 배우며, 함께하는 시간 속에서 존중이라는 새로운 형태로 관계가 변해갑니다. 정리는 관계를 비추는 거울입니다. 내가 이미 아는 나의 모습이 아닌 상대라는 거울에 비친 나의 또 다른 모습을 찾고, 그 모습을 보며 관계를 회복하려 노력해야 합니다.

정리를 알면 성격이 보인다

정리를 못하는 사람은 있어도, 정리를 한 번도 해보지 않은 사람은 없습니다. 그래서 사람들은 정리를 마음만 먹으면 언제나 할 수 있는 일이라 생각합니다. 물건의 자리를 정하고 쓰지 않는 것은 버리고 필요한 것은 쓰기 좋게 배치하는 일, 너무 단순해 보이기 때문에 정리를 잘하지 못하면 '게으른 사람', '자기 관리가 부족한 사람'이라는 낙인이 찍히기도 쉽습니다.

수년 동안 많은 집을 방문해 다양한 사람을 만났습니다. 사람의 손길이 닿은 물건들, 아무도 사용하지 않는 채로 서랍 속에 누워 있는 물건들, 그리고 그것을 바라보는 표정에는 그 사람의 삶이 담겨 있었습니다. 그 과정에서 저는 한 가지 분명한 사실을 알았습니다. 사람들의 정리와 수납 방법에 각자의 성향이 그대로 나타난다는 것입니다. 이 성향은 정리하는 과정을 어렵거나 쉽게, 고통스럽거나 기쁘게 만듭니다.

어떤 사람은 낡은 가방 하나도 버리지 못해 방 한가득 쌓아두고, 어떤 사람은 특별한 감정 없이 필요 없다고 판단되면 즉시 버립니다. 같은 물건 앞에서도 사람마다 선택과 감정이 전혀 다른 이유는 정리 속에 성격과 삶의 경험이 깊이 녹아 있기 때문입니다.

정리하다 보면 우리는 자신에게 질문하곤 합니다.

"나는 왜 이걸 버리지 못할까?"

"왜 이렇게 자꾸 미룰까?"

"왜 다른 사람은 쉽게 하는데 나는 어렵지?"

이것은 정리를 잘하고 못하고의 문제가 아닙니다. 정리를 바라보는 관점과 감정, 태도 그리고 성향이 사람마다 다르기 때문입니다. 성향별로 정리 유형을 나눠보면 추억을 놓지 못하는 애착형, 완벽해야 시작할 수 있는 완벽형, 필요 없는 것을 과감히 버리는 효율형, 남의 물건까지 책임지는 수용형이 있습니다.

추억을 놓지 못하는 애착형은 '물건=추억'이라고 생각하는 경향이 있습니다. 이런 유형은 물건 버리는 것을 추억의 한 조각을 포기하는 것처럼 느낍니다. 오래된 기념품, 편지, 아이 어릴 적 물건 등 기억의 증거를 소중히 여기며, 누군가가 준 물건을 버리면 관계를 버린 것 같아 죄책감을 느끼고 마음이 무겁습니다.

혼수로 장만한 이불을 결혼한 지 20~30년이 지났는데도 갖고 있는 사람이 생각보다 많습니다. 한두 번밖에 덮지 않은 새 이불이기도 하고, 어려운 형편에 준비해주신 어머니의 마음을 알기에 쓰지도 않으면서 버리지도 못하는 애물단지가 돼버린 것이죠.

이런 유형에게 정리는 마음을, 추억을 다루는 작업으로 효율보다 감정이 우선입니다. 하지만 이불도 사용 기간이 있습니다. 어머니에 대한 추억과 고마움은 마음에 간직하고 공간의 효율성, 생활의 편리성을 생각해보기 바랍니다.

완벽하게 끝내지 못할 것 같으면 시작조차 하지 않는 완벽형은 계획적인 사람입니다. 완벽형은 정리를 바로 시작하지 않습니다. 정리를 하기 전에 머릿속에서 이미 전체 그림을 그리고 계획을 합니다.

"어디부터 시작할까?"

"영역은 어떻게 나눌까?"

"수납 도구는 어떤 것이 적합할까?"

이런 유형은 많은 정보를 수집하고, 계획→기준→도구→구조까지 모든 것이 명확해야 시작할 수 있습니다. 그래서 자주 미루고, 시작이 어렵고, 시작 전부터 이미 지치기도 합니다. 하지만 일단 시작하면 공간 전체를 시스템화하고, 마음에 들 때까지 완벽을 추구하곤 합니다.

완벽형은 진심으로 다른 사람을 위해, 가족을 위해 정리합니다. 하지만 정리가 끝난 뒤 다음과 같은 말을 듣기도 합니다. "고맙긴 한데, 이전으로 되돌려야 할 것 같아. 부담돼." 이 유형의 입장에서는 배려였던 행동이 주변 사람에게는 불편함과 스트레스가 될 수도 있습니다. 그래서 가끔은 주위 사람들에게 예민하고 피곤한 사람으로 비치기도 합니다.

이런 유형은 완벽의 기준을 조금 낮추고 '30분만 정리하기', '서랍 하나만 정리하기' 등과 같이 작은 영역부터 가볍게 시작하는 연습이 필요합니다.

필요 없는 것을 과감히 버리는 효율형은 물건을 볼 때 감정보다 기능이나 편리성을 우선합니다. 그 물건이 지닌 이야기보다 지금 내 삶에 어떤 역할을 하는가를 먼저 생각합니다. 그래서 누군가는 차갑다고 느낄 수 있지만, 이 유형에게 정리는 삶을 가볍게 유지하는 기술로 과거보다는 현재, 감정보다는 기능, 보관보다는 사용이 우선입니다. 그래서 사용하지 않는 물건은 과감하게 내려놓고 지금 이 순간의 필요를 기준으로 삼습니다. 사용하고 바로 제자리에 놓기 때문에 정리 후 유지력도 매우 높습니다.

그러나 타인의 감정과 추억을 이해하는 과정이 부족할 수 있습니다. 이 유형에게는 사용하지 않는 물건이지만, 누군가에게는 위안을 주는 물건일 수 있습니다. 정리가 사람을 위한 일이라는 사실을 잊지 않을 때 비로소 효율형의 정리가 빛을 발합니다. 잘 버린다고 해서 모두가 편안해하는 것은 아닙니다.

마지막으로 남의 물건까지 책임지는 수용형은 자신보다 타인을 먼저 생각합니다. 누가 힘들어할까 봐, 서운해할까 봐, 마음을 다칠까 봐 그저 조용히 대신 짊어지고 챙깁니다. 남편의 물건, 아이의 물건, 부모님의 물건……. 언뜻 부드럽고 이해심이 많아 보이지만, 그 속에는 지치고 허탈한 감정이 자리 잡고 있습니다.

"왜 나만 정리해야 하지?"

"나도 쉬고 싶은데……."

수용형은 다른 사람을 배려하느라 정작 자기 자신을, 자기 공간을 잃어버리는 경우가 많습니다. 자신이 이 유형에 해당하는 것 같다면, 버리는 것보다 '나의 공간을 되찾는 것'에서 시작해보기 바랍니다. 조금 작아도 괜찮습니다. 책장 한 줄, 서랍 한 칸이라도 괜찮습니다. '여기는 나를 위한 자리입니다'라는 선언이 곧 수용형 정리의 시작입니다.

사람들은 종종 정리를 '잘한다'와 '못한다'로 나누며 어떤 방식이 더 옳은지, 더 똑똑한지 말하려 합니다. 정리는 날 잡아 한 번에 해치우는 것이 아닙니다. 너무 서두르지도, 너무 완벽하지도, 너무 잘하지 않아도 됩니다. 자기 방법으로 정리하되, 어떤지 물어봐주세요.

못 버리는 병이 있다

우리는 태어나 죽을 때까지 끊임없이 비움과 채움을 반복합니다. 뭔가를 새롭게 맞이하는 기쁨만큼이나, 익숙한 뭔가를 떠나보내는 불안과 두려움도 큽니다.

왜 쓰지도 않는 것, 낡은 것을 버리지 못할까요? 겉보기에는 습관이나 게으름 같지만, 사실 그 안에는 깊은 불안과 외로움이 숨어 있습니다. 서랍 속 오래된 편지 한 통, 유행이 지난 옷가지, 언젠가 쓸모가 있을지도 모른다는 꼬리표를 달고 겹겹이 쌓인 잡동사니……. 이 물건들은 단순한 쓰레기가 아니라, 과거를 붙잡아두고 싶은 마음에 포기하지 못하는 추억의 고리입니다. 아직 다가오지 않은 미래, 궁핍해지면 어쩌나 두려워하는 마음입니다.

그래서 우리는 종종 이렇게 생각합니다.

"나중에 다시 필요하면 어쩌지?"

"괜히 버렸다 싶으면?"

"비싼 건데……."

말은 이렇게 하지만, 그 물건을 다시 쓸 확률이 낮다는 것을 잘 압니다. 무엇보다 사람은 본능적으로 얻는 기쁨보다 잃는 두려움을 더 크게 느낀다고 합니다. 심리학에서는 이를 '손실회피성'이라 부릅니다. 우리는 물건을 버리지 못하는 것이 아니라, 실패를 인정하지 않는 마음을 붙잡고 있는 것인지도 모릅니다. 아기가 엄마와 떨어질 때 분리불안을 느끼듯 어른이 된 지금, 물건과 분리되면 불안을 느끼는 것이 아닐까요?

이런 못 버리는 마음은 비단 물건에만 국한되지 않고, 무형의 영역에서 더욱 치명적인 형태로 나타나기도 합니다. 바로 감정의 저장강박입니다. 과거의 상처, 타인에 대한 원망, 해결되지 않은 분노, 실패한 쓰라린 기억 등을 마음속 깊은 곳에 고스란히 쌓아두는 것이죠. 관계 속에서 받은 작은 모욕이나, 스스로 용서하지 못한 실수까지도 꼼꼼하게 목록화해 잊지 못해요. 마치 언젠가 이 고통이 자신에게 교훈을 줄 것이라고 믿거나, 혹은 이 원망을 놓으면 억울한 듯이 말입니다.

이 감정의 잡동사니들은 시간이 지날수록 부패해 마음 전체를 오염시키고, 새로운 긍정적인 경험이 들어설 공간을 완전히 막아버립니다. 과거의 무거운 짐을 지고 현재를 살아가려 애쓰니, 하루하루의 발걸음은 모래주머니를 찬 듯 무겁고 눈앞의 행복은 늘 희미하게만 느껴집니다. 미련이 남아 제때 놔주지 못한 것은 더 이상 추억이 아닙니다. 우리의 에너지를 빼앗고 새로운 삶에 대한 가능성을 막아버려 우울증까지 초래하기도 하니까요.

그렇다면 이 못 버리는 병은 어떻게 치유할 수 있을까요? 못 버리는 마음은 게으름이나 의지박약과 다릅니다. 정리에 서툰 것도 아니고요. 아꼈던 흔적과 추억을 지키고 싶은 마음이고, 자기 자신을 보호하려는 마음이며, 상처받지 않으려는 마음일 수 있습니다. 병이라기보다 아직 다 풀지 못한 마음의 매듭이죠. 매듭은 억지로 잡아당길수록 더 단단해지기에 천천히, 부드럽게, 여유를 갖고 풀어내야 합니다. 외부에서 누가 강제로 정리해주는 것이 능사가 아닙니다.

못 버리는 마음의 병이 있는 사람의 정리는 과감하게 버리는 것에서 시작하지 않습니다. 천천히 마음을 들여다보는 것부터 시작합니다. 물건을 손에 들고 자신에게 물어보세요.

"이 물건은 내게 얼마나 소중하지?"

"최근에 이 물건을 쓴 적이 있나?"

"내가 이걸 통해 붙잡고 있는 건 뭐지?"

하나하나 답을 찾다 보면 조금은 놔주기가 쉬워집니다.

그리고 나만의 소유 기준을 정해보세요. 이 소유 기준을 정할 때는 3정(정품, 정량, 정위치)을 고려해야 합니다. 갖고 싶은 물건이 아니라 꼭 필요한 물건인지, 얼마나 필요한지, 어디에 놓을지 확인하는 거죠. 기분에 따라 물건을 사면, 사는 순간의 기쁨은 곧 사라지고 필요 없는 짐이 되기 쉽습니다.

못 버리는 병은 개인뿐 아니라 가족, 직장, 공동체, 사회 전반에 영향을 줍니다. 쓸데없는 물건으로 공간이 좁아지면 스트레스가 쌓이고 우울해지며, 악취 때문에 불쾌하고, 건강에도 해가 됩니다. 반대로 불필요한 것을 버리고 필요한 것을 남기는 습관은 삶의 질을 높이고 마음의 여유를 가져옵니다.

누구나 못 버리는 병이 있습니다. 어떤 사람은 좀 심하고, 어떤 사람은 좀 덜할 뿐입니다. 자신에게 못 버리는 병이 있다는 것을 인정하고, 조금씩 내려놓겠다고 용기를 내기만 해도 충분히 극복할 수 있습니다.

정리는 단순히 물건을 버리는 일이 아니라, 마음과 삶을 정리하는 치유의 과정입니다. 더 이상 필요하지 않을 때 추억만 남기고, 물건은 보내주는 것도 정리력입니다. 물건 정리는 사라짐이 아니라 물건에서 기억으로의 이동입니다.

정리 습관이 뇌를 발달시킨다

정리정돈을 단순히 겉모습을 깔끔하게 하는 일이나 미학적인 문제로 치부하기 쉽지만, 사실은 우리의 뇌 기능과 발달에 직접적으로 영향을 미치는 매우 중요한 인지 활동입니다. 정돈된 환경을 만들고 유지하는 과정은 뇌를 훈련시키고, 스트레스를 줄이며, 궁극적으로 삶의 효율과 만족도를 높이는 강력한 자기 계발 도구입니다.

뇌는 끊임없이 정보를 처리하는 컴퓨터와 같습니다. 시야에 들어오는 모든 사물을 데이터로 처리해야 하죠. 주변 환경이 어수선할수록 뇌는 불필요한 자극을 걸러내는 데 더 많은 에너지를 소모하는데, 이를 '인지 부하'라고 합니다. 정리를 습관화하면 뇌가 받는 부하를 줄일 수 있습니다.

정리 습관은 뇌의 실행 기능, 즉 계획을 세우고 우선순위를 정하며 목표를 이루기 위해 행동을 통제하는 능력을 직접적으로 훈련시킵니다. 뇌는 정리할 때 주의 집중→선택→분류→계획→실행→유지로 이어지는 전두엽의 실행 기능을 반복적으로 자극하고 강화합니다.

- 계획: 어디부터 정리할지, 뭘 버릴지, 뭘 남길지 결정합니다(계획 수립 및 판단).
- 분류: 물건들을 카테고리별로 나눠 정리합니다(정보 분류 및 구조화).
- 결정: 버릴지 말지 신속하게 판단하고, 물건에 새로운 위치를 부여합니다(의사 결정 및 문제해결).
- 실행 및 제어: 계획에 따라 정리하고 방해 요소를 제거합니다(행동 통제 및 억제).

이 모든 과정은 전두엽을 활성화해 공부, 업무, 재정 관리 등 삶의 모든 분야에 도움을 줍니다. 정리는 전두엽을 단련시키는 가장 쉽고 일상적인 뇌 체조인 셈입니다.

정리 습관이 뇌에 미치는 긍정적인 영향은 생애주기별 뇌의 발달에 맞춰 조금씩 다르게 나타납니다.

아동기 및 청소년기는 전두엽이 급격히 발달하며 실행 기능을 배우는 결정적인 시기입니다. 스스로 장난감과 학용품을 정리하는 과정은 복잡한 환경에서 정보를 분류하고 우선순위를 정하는 뇌 능력을 훈련시킵니다. 정리는 문제해결력과 자기 관리 능력을 훈련하는 과정으로, 책가방을 스스로 정리할 줄 아는 아이는 학업 능력뿐 아니라 삶을 스스로 관리할 수 있는 힘을 얻습니다. 정돈된 책상에서 공부하는 습관은 학습 효율성을 높입니다. 특히 주의력 결핍을 겪는 아이의 경우, 산만함을 줄이는 데 도움이 됩니다.

중장년기는 직업 활동과 복잡한 인간관계로 스트레스가 최고조에 달하는 시기입니다. 정리 습관은 시각적 스트레스 요소를 제거해 스트레스 호르몬 수치를 낮추고, 정신적 안정감을 유지하는 데 중요한 역할을 합니다. 디지털 파일 정리나 업무 공간 최적화는 선택 피로를 줄여주고, 중요한 업무에 에너지를 집중시켜 업무 효율을 높입니다.

노년기에는 인지능력이 저하되는데, 정리 행동이 이 속도를 줄일 수 있습니다. 물건의 위치를 정하고 규칙적으로 정리하는 행위 자체가 뇌를 반복적으로 일하게 만듭니다. 또한 주변 환경이 정리돼 있으면 물건을 찾는 데 에너지가 소모되지 않고, 정돈된 환경이 기억을 보조하는 시스템 역할을 해 일상생활을 편하고 안정적으로 유지하는 데 큰 도움이 됩니다.

정리 습관은 단순히 환경을 정리하는 것이 아니라, 우리의 뇌를 최적화하고 삶을 주도적으로 이끌어가는 핵심 역량을 길러주는 뇌 발달 훈련입니다. 복잡한 세상에서 단순하고 효율적인 삶을 살고자 한다면, 먼저 주변 환경과 마음속 생각을 정리하는 작은 행동부터 시작해보세요. 정리를 마쳤을 때 느끼는 개운함과 성취감은 뇌의 보상 시스템을 자극합니다. 정돈된 결과물을 눈으로 확인하는 순간, 뇌에서는 도파민이 분비됩니다. 도파민은 쾌감과 만족감을 주며, 이 경험은 뇌에게 '정리=보상'이라는 연결 고리를 만들어줍니다. 이 긍정적인 도파민 회로가 거듭 형성되면, 정리는 더 이상 귀찮은 일이 아니라 자연스럽게 반복하고 싶은 습관으로 자리 잡습니다. 그래서 꾸준히 정리하는 사람은 물건을 잘 관리하는 사람이 아니라, 자기 삶을 스스로 조직하고 관리할 수 있는 사람이 됩니다. 하루에 10분, 물건을 사용하고 나서 제자리에 두는 작은 습관이 뇌 속의 질서를 조금씩 단단하게 쌓아 올립니다.

정리는 뇌를 단련시키는 힘이 있고, 뇌는 예측 가능한 환경에서 안정감을 느낍니다. 또한 물건 위치가 정해져 있고, 사용 후 정해진 자리에 돌려 놓을 수 있다면 뇌는 세상을 안전한 곳이라 인식합니다.

정리는 살리는 일이다

우리는 늘 뭔가를 더 채우려 애씁니다. 새 물건, 새로운 정보, 새로운 인맥, 새로운 약속……. 하지만 삶의 어느 순간, 문득 깨닫습니다. 넘치도록 채워진 것들 때문에 정작 가장 소중한 것들의 가치를 잊고 산다는 것을 말입니다.

정리를 버리는 일이라고 생각하기 쉽습니다. 뭔가를 빼내고, 줄이고, 덜어내는 일, 그래서 정리는 종종 결핍과 손실, 아쉬움의 감정을 동반합니다. 그러나 정리의 본질은 없애는 일이 아니라, 회복시키고 되살리는 따뜻한 긍정입니다. 이 정리의 마법으로 뭘 되살릴 수 있을까요? 바로 사람, 공간, 시간, 그리고 환경입니다.

정리되지 않은 공간에서 사람은 불안하고, 우울하고, 스트레스를 받습니다. 이런 상황이 지속되면 삶에 대한 의욕을 잃고 건강한 생활을 이어나가기 어려워집니다. 물건이 많으면 뇌는 끊임없이 그것을 인식하고 처리하느라 피로하고 이것은 신체적 피로, 수면 질 저하, 스트레스 호르몬 증가로 이어집니다. 정리되지 않은 방은 복잡한 머릿속을 그대로 반영합니다. 불필요한 물건이 시야를 가릴 때마다 뇌는 소리 없는 아우성을 듣습니다. '이건 뭐였지? 저건 어디에 둘까?' 끊임없이 맴도는 질문이 뇌의 에너지를 소모시켜 알 수 없는 짜증과 불안 그리고 우울에 시달리게 합니다.

저는 정리수납 전문가로 활동하며, 정리에 어려움을 겪는 많은 사람을 접합니다. 어느 날, 교육생의 남편에게서 손 편지 일곱 장과 직접 만든 상장을 받은 적이 있습니다. 아내의 우울증으로 집은 엉망이 됐고, 아이들의 웃음소리를 들어본 지도 오래됐으며, 자신은 고등학교 선생님인데 퇴근 후 집에 들어가기가 싫었다고 합니다.

그런데 아내가 정리수납을 배우러 다니면서 표정이 밝아지기 시작했고, 집의 물건들이 제자리를 찾아가면서, 아이들도 자신도 집에 빨리 가고 싶어졌다고 합니다. 정리를 했을 뿐인데 가정에 변화가 생기고 가족이 웃음을 되찾았다며, 그 감사의 마음을 담아 상을 드린다고요. 상장의 이름은 '정리수납을 통한 가정 치료상'이었고, 상장 수여자는 '깨끗한 가정 만들기 아버지 연합 한국 대표'였습니다. 제가 받아본 상 중에서 가장 가치 있고 소중한 상이었습니다.

이런 분도 있었습니다. 30대 아들과 함께 사는 80대 아버지였는데요. 아내가 죽고 아들 방에 온갖 쓰레기가 쌓여가자, 더 이상 참지 못하고 정리수납을 의뢰했습니다. 설득 끝에 아들의 방을 정리할 수 있었습니다. 정리가 끝난 후 아들의 만족도도 높았고, 아내가 와서 아들 방을 정리해준 것 같다는 아버지의 말씀에 우리 모두 눈시울을 적셨습니다.

정리는 마음을 치유하고, 다시 살아갈 힘을 줍니다. 주변 물건들이 제자리를 찾을 때, 마음은 비로소 평안과 안정을 찾습니다. 물건을 분류하고, 꼭 필요한 것만 남기는 과정은 곧 삶의 우선순위를 정하는 훈련입니다. 이 훈련을 통해 얻는 작은 성취감은 스스로 삶을 통제하고 있다는 기분 좋은 자신감으로 이어집니다. 어수선함에 짓눌려 숨어 있던 자신을 다시 세상 밖으로 불러내 온전한 평화 속에서 집중하게 하는 힘을 선물하는 일, 그것이 바로 사람을 살리는 정리입니다.

물건이 쌓여갈 때 공간은 본래 목적을 잃고 맙니다. 포근해야 할 침대는 벗어놓은 옷으로 뒤덮이고, 영감을 줘야 할 책상은 잡동사니들의 무덤이 되고, 건강을 위해 마련한 러닝머신은 오래전 옷걸이로 전락하고 말았습니다. 가족이 함께 행복한 식사 시간을 즐겨야 할 식탁의 반은 쓰지 않는 물건들로 채워져 있습니다. 냉장고는 어느새 냉창고가 됐고, 신발장에 신발이 쌓이고 쌓여 밑에 있는 신발은 신을 수 없게 됐습니다. 이렇듯 필요 없는 물건으로 공간은 점점 죽어가고 있습니다. 제자리를 찾지 못한 물건들이 많은 공간을 죽음의 늪으로 밀어 넣어 생활하기 불편합니다.

수납장 깊은 곳에 갇혀 있던 물건들을 꺼내 보며 잊고 있던 순간들을 만납니다. 그때의 감정을 고스란히 담아 보관할 것, 이제는 보내야 할 것을 구분합니다. 쓰레기라는 말 대신 졸업이라는 이름을 붙여줍니다. 물건이 사라진 공간이 제 기능을 회복하면 다시 휴식과 영감을 주는 아늑한 안식처가 됩니다. 공간이 숨을 쉬기 시작할 때, 이것을 공간을 살리는 정리라고 합니다.

영국 민간 보험사에서 조사한 결과에 따르면, 사람은 물건을 찾는 데 매일 10분 이상 시간을 낭비한다고 합니다. 잃어버린 물건을 찾는 횟수는 하루 평균 9회, 연간 3,285회, 시간으로 환산하면 한평생(만 20세부터 60년간) 3,680시간, 153일 이상을 물건 찾는 데 소비한다고 합니다.

"내 물건 어디 갔지?"

"내가 차를 몇 층에 댔지?"

우리는 이 단순한 질문의 답을 찾느라 귀한 시간을 수도 없이 허비합니다.

그래서 저는 주차 습관을 바꿨습니다. 예전에는 지하 1층에 하고 자리가 없으면 지하 2층, 3층으로 내려갔습니다. 그런데 이제는 무조건 지하 3층에 주차합니다. 저녁에 차를 댈 때 빈자리를 찾아다니는 수고도 줄이고, 아침에 출근할 때 어제 차를 몇 층에 댔는지 고민하지 않아도 되거든요. 회사에서도, 그 밖의 곳에서도 가능하면 지하 3층에 주차하는 습관 덕분에 스트레스를 받지 않습니다. 주차를 어디에 했는지 기억할 필요가 없는 저만의 비법입니다.

정리는 이 덧없는 찾기 시간을 줄여 진짜 중요한 일을 할 시간을 되돌려줍니다. 모든 물건에 장소를 부여하고 제자리에 두는 작은 습관이 하루 10분의 여유, 연간 많은 시간의 자유를 선사합니다. 이것이 물건 찾는 데 걸리는 시간을 살리는 정리입니다.

나아가 정리는 환경을 살립니다. 냉장고 정리만 잘해도 유통기한이 지나거나 상해서 버리는 음식물 쓰레기를 줄여 환경을 살릴 수 있습니다.

정리는 소비 습관을 되돌아보게 합니다. 이것을 정말 필요해서 샀을까 하고 자문하게 만듭니다. 꼭 필요한 것만 남기는 과정은 충동구매와 낭비를 멈추는 강력한 경고가 되기도 합니다. 필요한 물건을 끝까지 잘 사용하고 잘 분리해서 버리는 것만으로 환경보호에 동참하는 것입니다. 쓰지 않는 책꽂이를 주방으로 가져가 프라이팬 거치대로 쓰거나 도마, 칼 등이 쓰러지지 않게 수납 도구로 재활용하거나 더 이상 필요하지 않은 물건을 다른 사람에게 기부하는 것은 환경에 대해 책임을 지는 실천법입니다.

정리는 복잡했던 삶을 단순하게 만들어, 가장 소중한 것에 집중하게 하는 힘이 있습니다. 지금 삶을 살리는 기적의 정리를 시작해보세요. 작은 서랍장 하나를 여는 그 순간, 삶을 비워내는 것이 아니라 공간과 사람을 회복시키는 일을 시작하는 것입니다.

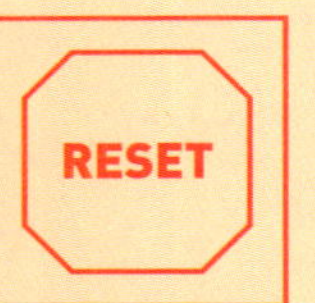
RESET

1장

정리의 시작, 영아기

태어난 지 얼마 되지 않은 어린 아기를 영아라 부릅니다. 사람마다 영아기의 기준이 다른데, 이 책에서는 0세에서 2세까지를 영아기로 부르겠습니다.
영아기는 세상과 자신을 알아가는 가장 작은 탐험기라 할 수 있습니다. 호기심으로 가득 찬 영아에게 세상은 놀이터입니다. 매 순간이 새로운 경험이죠. 영아는 아직 언어가 발달하지 않았고, 논리적인 사고보다는 감각과 경험을 통해 세상을 이해합니다.
그렇기에 이 시기의 정리 습관은 물건을 정리하거나 계획을 세우는 것이 아니라, 안정적인 환경과 규칙적인 경험을 통해 뇌 발달과 습관 형성을 돕는 과정입니다. 생각, 시간, 공간을 이해하며 세상을 탐색하는 방법을 배우는 과정이죠.
갓 태어난 아기는 삼키기, 재채기하기, 하품하기 같은 단순한 활동밖에 할 수 없어요. 7개월 전후가 돼야 앉고, 10개월 전후쯤 기어다니는 것이 바로 영아기의 성장이랍니다.
영아는 오감으로 세상을 탐색하며 주변 환경을 이해합니다. 장난감을 손으로 만지고, 눈으로 색깔과 모양을 관찰하며, 소리를 듣고 움직임을 경험하면서 자연스럽게 환경과 사물을 구분하고, 원인과 결과를 인식하는 기초 능력을 갖추죠.

이런 영아에게 정리를 가르치는 것은 무리입니다. 그럼에도 불구하고 영아에게도 정리를 경험시킬 필요가 있어요. 태어나서 처음으로 정리를 접하는 시기이기 때문입니다.

정리 개념이 없는 영아기

저명한 소아정신과 의사로 신생아 행동평가척도를 개발한 베리 브래즐턴(T. Berry Brazelton) 박사는 갓 태어난 아기가 외부 자극에 적극적으로 반응하며 성장해나간다고 했습니다. 양육자가 아기에게 자극을 주면 아기 역시 이런 자극에 반응하며 상호작용을 한다고요. 즉 양육자가 주는 자극이 아기의 성장에 큰 영향을 미치는 것입니다.

영아는 눈, 코, 귀 등으로 자극을 받아들여 주위를 탐색합니다. 딸랑딸랑 소리가 나는 장난감을 흔들어주면 영아는 무슨 소리인지 궁금해하며 살펴요. 장난감을 손에 쥐고 던지거나 입에 물고 탐색하면서 자극을 받아들이는 것이 영아의 주된 행동이랍니다.

공간을 인식하는 능력은 아직 부족해요. 그렇다고 해서 양육자가 정리를 하지 않아도 된다는 의미는 아닙니다. 생활 속에서 자연스럽게 모범을 보여 정리 습관을 보여주세요.

생후 5~6주 정도가 되면 볼 수 있고, 들을 수 있습니다. 그렇다면 어떻게 정리 습관의 모범을 보여줄 수 있을까요?

먼저 양육자가 정리하는 모습을 자주 보여주세요. 영아의 생활 공간에 있는 기저귀, 화장지, 물티슈 등을 언제나 제자리에 두는 거죠. 이렇게 정리하면 필요한 물건을 찾을 때 허둥댈 필요도 없고, 물건이 있는 줄 알고 사다 놓지 않아서 낭패를 볼 일도 없습니다. 당연히 물건을 쓸데없이 많이 살 일도 없겠죠.

정리 습관의 모범이 되는 다음 방법은 정리를 놀이처럼 즐겁게 여기도록 만드는 것입니다. 양육자가 정리할 때마다 짜증과 신경질을 낸다면, 영아는 정리를 나쁜 것이라고 느낄 수밖에 없겠죠. 반대로 즐겁게 정리한다면 영아도 정리를 즐겁게 받아들일 거예요.

정리를 즐겁게 하는 여러 방법 중 아이가 놀이라고 느낄 수 있

● 영아기 시각

시기	특징
출생 직후	바로 눈앞에 있는 것만 볼 수 있다.
5~6주	사물을 꾸준히 바라볼 수 있다.
6주~3개월	모든 방향으로 사물을 살필 수 있다.
3개월 이후	사물을 꾸준히 바라보며 초점을 맞출 수 있다.

시각적으로 구별이 쉬운 색깔이나 모양을 활용하면 좋습니다.

는 방법을 추천합니다. “우리 장난감들은 바구니에 한번 넣어볼까?”라고 하면서 말입니다.

이때 정리 바구니를 활용하면 도움이 됩니다. 영아는 시각으로도 자극을 받아들일 수 있으나, 공간 개념이 부족하기에 크기나 무늬로 구별하는 것은 어렵습니다. 그래서 시각적으로 구별이 쉬운 색깔이나 모양을 활용하면 좋습니다. 예를 들어 초록색 바구니, 주황색 바구니를 준비해 초록색 바구니에는 플라스틱 장난감을, 주황색 바구니에는 천 장난감을 정리하는 것입니다.

영아는 두 가지 색이 대비될 때 더 집중할 수 있으니, 색이 서로 대비되는 수납함이나 바구니를 준비하면 좋겠죠. 예를 들어 노란색 수납함이 있다면 빨간색을, 흰색 수납함이 있다면 파란색을 추가로 준비해주세요.

이때 양육자가 정리에 관해 올바르게 생각하고 말하고 행동하는 것이 중요합니다. 정리 규칙을 세우고, 방법을 정하는 것입니다. 양육자가 이렇게 규칙을 세워 정리하는 것을 보면, 아이는 ‘아, 저것을 여기에 넣는구나’ 하고 자연스럽게 받아들입니다. 이 과정에서 조금씩 정리에 관한 생각의 싹을 틔워나갈 수 있답니다.

영아기 아이를 위한 놀이

시각을 자극하는 정리법

1 빨간색, 노란색처럼 색이 대비되는 수납함이나 바구니를 두 세 개 준비합니다.

2 딸랑이를 흔들고, "딸랑딸랑 딸랑이는 어디에 넣을까?" 하며 아이의 눈을 봅니다.

3 "딸랑이는 빨간 바구니에 넣지"라며 빨간색 수납함이나 바구니에 딸랑이를 넣습니다.

4 곰돌이 인형을 들고 "말랑말랑 곰돌이는 어디에 넣을까?" 하며 아이를 봅니다.

5 "곰돌이는 노란 바구니에 쏙!" 하며 노란색 수납함이나 바구니에 곰돌이 인형을 넣습니다.

6 아이의 장난감을 재질 등으로 구분해 각각 넣어야 할 곳을 반복해서 보여줍니다.

영아기, 시간 정리는 이렇게!

영아기는 잘 자고, 잘 먹고, 잘 배변하는 것이 가장 중요한 시기입니다. 잘 자지 않아서 잠투정하는 것, 잘 먹지 않아서 밥투정하는 것, 볼일을 잘 보지 못해서 배앓이하는 것처럼 양육자를 애끓게 만드는 것도 없습니다.

잘 자고, 잘 먹고, 잘 배변하기 위해서는 생활 리듬이 제대로 형성돼 있어야 합니다. 생활 리듬이란 주기적이고 규칙적인 여러 가지 생활 변동을 말합니다. 자고, 먹고, 볼일을 보는 것도 여기에 속하죠. 0세에서 2세까지 영아기는 이런 생활 리듬이 형성되는 시기이기도 합니다.

영아기의 시간 정리는 매우 중요합니다. 수면 시간, 식사 시간, 놀이 시간, 휴식 시간 등 기본적인 생활 리듬이 형성되는 것이 중요하기 때문입니다. 만약 이 시기에 잘 자지 않고, 잘 먹지 않으면 성장에 나쁜 영향을 미칠 수도 있습니다. 특히 수면과 식사는 아기의 성장과 떼려야 뗄 수 없는 관계입니다.

오랜 기간에 걸친 여러 연구와 실험 등을 통해 수면과 성장이 밀접한 관계임이 증명됐습니다. 아기의 성장은 성장호르몬과 깊은 연관이 있는데, 이 성장호르몬이 주로 밤에 깊이 잠들었을 때 분비되기 때문입니다.

정해진 시간에 밥을 먹고, 정해진 시간에 잠을 자는 등 규칙적인 생활 리듬을 형성하는 것은 성장뿐만 아니라 정서 안정에도 큰 도움이 됩니다. 일정한 생활 패턴이 형성되면 마음이 불안하지 않고 안정됩니다. 아이가 '아, 이제 잘 시간이구나' 하고 스스로 알면 편안하게 그 시간을 받아들일 수 있습니다.

그렇다면 이런 생활 리듬은 어떻게 형성할 수 있을까요?

바로 영아기의 시간 정리에서 방법을 찾을 수 있습니다. 시간 정리 방법은 크게 세 가지로 나뉩니다.

첫 번째는 규칙적인 수면과 식사 시간을 유지하는 것입니다. 즉 정해진 시간에 깨우고 밥을 먹이고 잠을 재웁니다. 영아기에는 11시간에서 18시간 정도 잠을 자야 합니다. 이는 낮잠과 밤잠을 포함한 시간으로, 월령별로 조금씩 차이가 있습니다.

두 번째는 낮과 밤을 구별할 수 있도록 일정한 생활 습관을 들이는 것입니다. 예를 들어 낮에도 밤에도 암막 커튼을 쳐놓는 것

● 영아기 월령별 수면 시간(낮잠 포함)

시기	수면 시간
0~2개월	16~18시간
2~6개월	15~16시간
6~12개월	14~15시간
12~24개월	11~14시간

은 좋지 않습니다. 아이가 아침이 되면 해가 뜨고, 밤이 되면 깜깜해진다는 것을 알아야 스스로 생활 습관을 만들기가 쉽기 때문입니다. 놀아주는 것도 마찬가지입니다. 밤이 늦었는데 낮과 똑같은 강도로 놀아주는 것은 수면에 도움이 되지 않습니다. 낮에는 활동적으로 놀고, 밤에는 차분하게 노는 것이 생활 습관, 생활 리듬을 만드는 데 바람직합니다.

세 번째는 놀이와 휴식을 번갈아 배치해 균형 잡힌 하루를 만드는 것입니다. 놀이 시간이 지나치게 길어지면 아이는 오랫동안 흥분 상태에 있게 됩니다. 흥분이 쉽게 가라앉지 않아 제대로 된 휴식을 취하기 힘들죠. 반대로 휴식 시간이 지나치게 길어지면 아이는 적절한 자극이 부족한 일과를 보내게 됩니다. 예를 들어 한 시간 놀고 나면 한 시간은 낮잠을 자는 식으로 일과가 자리를 잡아야 생활 리듬이 자연스럽게 형성될 수 있습니다.

단 생활 리듬은 아이에게 맞춰야 합니다. 영아기에는 잠자는

영아기의 시간은 규칙적인 수면과 식사, 놀이와 휴식을 균형 있게 배치합니다.

것, 먹는 것, 볼일을 보는 것 모두 아이가 편안하게 느끼도록 맞춰주세요. 양육자의 생활 리듬을 강요하는 것은 바람직하지 않습니다.

환경도 아이가 편하게 조성해주세요. 예를 들어 수면 환경이라면, 잠자는 방 온도는 20~25도, 습도는 50~60퍼센트, 조도는 낮은 것이 좋답니다. 물론 지나친 소음도 없는 것이 좋겠죠. 이유식도 양육자의 욕심보다는 아이의 상태에 맞춰 서서히 시도해야 합니다.

영아기 아이의 하루 일과

시간 정리가 된 하루

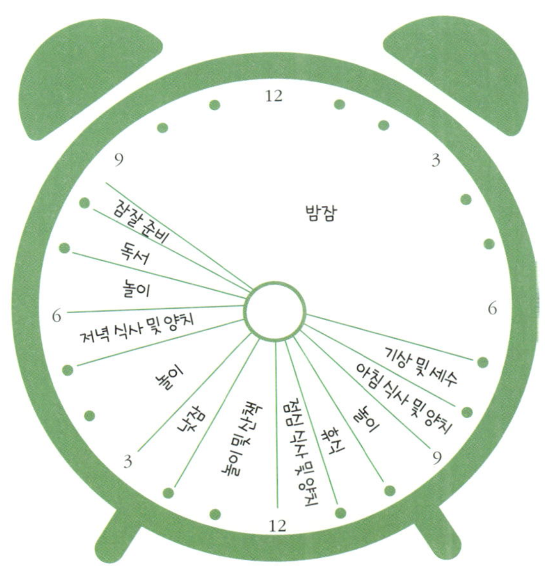

1 적어도 생후 6주가 지난 뒤부터 시간표를 적용하되 월령별 수면 시간을 고려합니다. 예시 시간표는 생후 12개월 즈음에 해당합니다.

2 밤 9시 전에 잠드는 것이 좋습니다.

3 먹은 다음 놀고, 피곤하면 자는 순서로 생활할 수 있도록 배려합니다.

안전한 환경이 필요한 영아기

신생아는 아직 대근육과 소근육이 발달하지 않아 혼자 힘으로 움직이기 매우 어렵습니다. 4~6개월이 되면 손을 뻗어 뭔가를 집으려 하고, 뒤집기도 할 수 있습니다. 7~10개월이 되면 혼자서 기기 시작하고, 스스로 앉기도 합니다. 또한 세상을 탐색하는 활동을 하는데, 많은 것을 손으로 만지고 입으로 맛보려고 한답니다.

이렇게 몸을 조금씩 움직기 시작하는 영아에게 무엇보다 필요한 것은 안전한 환경입니다. 혼자서 기어다녀도 다치지 않고, 손을 뻗어도 안전하며, 입에 뭔가를 집어넣어도 괜찮은 환경을 만들어줘야 합니다. 그런 의미에서 영아가 있는 가정의 공간 정리는 매우 중요합니다.

영아가 생활하는 공간에 물건이 너무 많은 것은 바람직하지

영아기의 공간에서 가장 중요한 것은 안전입니다.

않습니다. 영아기에는 시각으로 많은 정보를 받아들이기 때문에 물건이 너무 많으면 시각적 피로를 느낍니다.

양육자에게도 좋지 않습니다. 많은 물건을 정리해야 하기 때문입니다. 물건의 가짓수가 적당하고, 장난감과 생활용품이 정리된 상태여야 돌봄이 더 쉬워진답니다.

그렇다면 영아와 함께 있는 공간은 어떻게 정리해야 할까요? 크게 네 가지로 정리해보면 다음과 같습니다.

첫째, 미니멀한 환경을 조성합니다. 필요한 장난감이나 물품만 두고, 나머지는 눈에 보이지 않게 수납함에 넣어 보관하세요. 당장 필요하지도 않은 장난감이나 물건을 굳이 꺼내놓으면 찾고 정리하는 데 시간이 걸립니다.

둘째, 물건은 낮은 위치에 두는 것이 좋습니다. 특히 장난감은 바구니나 수납함에 담아 낮은 데 둡니다. 아이가 스스로 장난감을 바구니에서 꺼내고 넣을 수 있도록 유도할 수 있기 때문입니다. 만약 높은 곳에 두면 아이가 물건을 꺼내다가 다칠 수도 있고, 매번 양육자가 꺼내줘야 한다면 스트레스가 될 수 있습니다.

셋째, 자주 쓰는 물건은 쉽고 빠르게 꺼내고 넣을 수 있는 동선을 만듭니다. 영아에게 꼭 필요한 기저귀, 물티슈, 손수건, 옷 등을 빠르게 사용할 수 있도록 한곳에 정리해두고 동선을 만드는 것입니다. 예를 들어 네 칸짜리 수납함이 있다면 첫째 칸에는 기저귀, 둘째 칸에는 물티슈와 휴지, 셋째 칸에는 손수건과 수건, 넷째 칸에는 옷과 양말을 넣어둡니다. 그러면 기저귀를 갈거나 씻긴 다음에 필요한 물건을 빠르게 찾아 쓸 수 있답니다. 나아가 양육자의 행동을 보고 배운 아이가 스스로 필요한 물건을 꺼내오기도 합니다. 아이는 따라쟁이랍니다.

넷째, 안전한 공간을 만들기 위해 위험 요소를 최소화해야 합니다. 아이가 기어서 돌아다니다가 다치지 않게 가구는 모서리가 둥근 것을 씁니다. 소재는 돌이나 타일보다 천이나 가죽이 좋겠죠. 더 안전한 공간을 만들고 싶다면 모서리 보호대, 콘센트 덮개와 같은 안전용품을 활용해보세요.

영아기 아이를 위한 공간

공간을 안전하게 정리해주는 안전용품

모서리 보호대

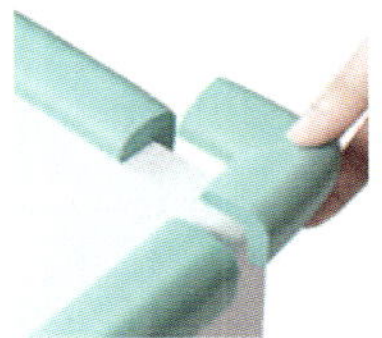

아이가 모서리에 부딪치면 멍이 드는 등 다칠 수 있습니다. 만일의 경우를 대비해 폭신한 모서리 보호대를 붙여주세요.

콘센트 덮개

콘센트는 대부분 영아의 눈높이에 있어 더더욱 주의가 필요합니다. 콘센트 덮개를 씌워주세요.

서랍 잠금장치

필요한 물건만 꺼내두고, 당장 필요하지 않은 물건은 서랍에 넣어 보관합니다. 이때 서랍에 잠금장치를 해서 아이가 열지 못하게 하세요.

손 끼임 방지 장치

문이 꽝 닫히면 아이가 크게 다칠 수 있습니다. 아이가 있는 공간에는 손 끼임 방지 장치 또는 문 닫힘 방지 장치를 해주세요.

Q&A

Q 정리와 수납을 잘하지 못하면 어떤 문제가 생기나요?

A 제대로 정리하고 수납하지 않아 엉망인 공간은 크게 세 가지 문제를 낳습니다.

첫째, 시간을 낭비하게 만듭니다. 치약을 산 기억은 있는데 어디에 뒀는지 모르겠다거나, 윗옷과 어떤 바지가 어울리는지 알 수 없다거나, 정리와 수납이 제대로 돼 있지 않으면 이렇게 시간을 낭비하게 됩니다. 우리는 생각보다 많은 물건을 찾습니다. 치약과 바지는 물론 지갑과 가방, 물컵과 티스푼, 신발과 모자까지 필요한 물건이 꽤 많기 때문입니다. 필요한 물건이 어디 있는지 몰라 매번 찾아야 한다면, 낭비되는 시간이 꽤 많겠죠.

둘째, 돈을 낭비하게 만듭니다. 치약을 찾다가 못 찾아서 결국 새로 산다거나, 원하는 바지가 없어서 새 바지를 산 적이 있나요? 정리와 수납이 제대로 돼 있지 않아 끝내 물건을 찾지 못하면 같거나 비슷한 물건을 또 사야 합니다. 당연히 돈이 낭비되겠죠.

셋째, 공간을 낭비하게 만듭니다. 20평을 30평처럼 쓰는 사람이 있는가 하면, 30평을 20평처럼 쓰는 사람도 있습니다. 어떻게 정리하고 수납하느냐에 따라 공간 낭비를 줄일 수 있습니다. 정리와 수납을 제대로 하지 않아 물건이 널브러져 있다면 공간을 제대로 활용할 수 없겠

죠. 옷가지가 널려 있는 침대에서는 편하게 누워서 쉴 수 없고, 책들이 뒤죽박죽 쌓인 책상에서는 제대로 공부할 수가 없습니다.

이처럼 정리와 수납을 제대로 하지 않으면 많은 것을 낭비하게 된답니다. 반대로 생각하면, 정리와 수납을 제대로 하면 많은 것을 알뜰하게 쓸 수 있습니다. 시간을 효율적으로 쓸 수 있고, 돈을 아끼고, 공간을 제대로 쓸 수 있죠. 이것이 바로 정리와 수납의 효과랍니다.

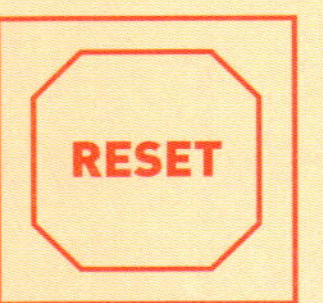
RESET

2장

놀이로 하는 정리, 유아기

태어난 지 만 2년이 지나면 유아기에 들어섭니다. 유아기는 보통 영아기와 아동기 사이의 시기를 말하는데, 이 책에서는 3세에서 5세 사이를 뜻합니다.

이 시기 아이는 자신을 중심으로 사물을 받아들입니다. 활동이 아주 미숙했던 영아기와 달리 몸놀림이 활발하고, 말도 곧잘 한답니다. 호기심도 부쩍 왕성해져서 질문이 많아지는 시기이기도 합니다.

"엄마, 이건 왜 그래?"

"아빠, 왜? 응? 왜?"

질문이 꼬리에 꼬리를 물고 이어집니다. 따라서 이 시기에는 아이에게 적절한 자극을 줘서 발달을 돕는 다양한 놀이를 본격적으로 해주면 좋습니다.

또 소유의 개념 즉, 누구의 것인지를 알게 됩니다. 아이에게 "엄마 휴대전화 어디 있지?" 하면 식탁 위 엄마의 휴대전화를 가리키며 "여기!"라고 말할 수 있죠.

'똑같다'와 '다르다'의 개념도 알고, 나아가 '크다'와 '작다'의 개념도 압니다. 그래서 "이 블록과 똑같은 블록은 이 통에 넣어두자"라고 정해줄 수 있고, "작은 통은 큰 통 안에 넣자"라고 이야기할 수도 있습니다.

그래서 영아기와는 다른 정리의 개념이 필요합니다. 영아기에는 양육자가 아이에게 모범을 보이는 것으로 정리의 개념을 잡았다면, 유아기에는 아이와 함께할 수 있는 정리의 개념이 필요합니다. 그것이 바로 놀이로 하는 정리입니다. 놀이로 아이에게 적절한 자극을 주면서 정리의 개념을 심어줄 수도 있습니다.

생각 정리

놀이 속에서 정리 습관을 만드는 유아기

"내가 할 거야."

"내가 먹을 거야."

"내 거야."

유아는 "내가"라는 말을 달고 다닙니다. 엘리베이터에서 문 닫힘 버튼을 누르지 못하면 "내가 누를 거야"라며 대성통곡하고, 마지막 남은 과자를 먹지 못하면 "내가 먹을 건데!"라며 분통을 터뜨립니다.

이처럼 자기중심적 사고가 강한 유아기에는 정리의 필요성을 잘 이해하지 못합니다. 지금 이 순간 자신만을 생각하는 경향이 크기에, 정리가 어떤 의미인지 잘 모릅니다. 장난감을 신나게 갖고 놀다가 다른 곳에 두고는 나중에 어디 있는지 몰라 찾는 일이 비일비재하죠.

예를 들어 자동차 장난감을 잘 갖고 노는 아이일 경우, 이 자동차 장난감을 들고 집 안 여기저기를 돌아다닐 거예요. 침대 위도 갔다가, 책상 아래도 갔다가, 식탁 밑으로도 돌아다닙니다. 집 안뿐만 아니라 집 밖에도 들고 나갈 것입니다. 놀이터에서 자동차 장난감을 들고 미끄럼틀도 탔다가 모래놀이도 하겠죠. 이렇게 놀다가도 흥미가 다른 곳으로 옮겨지면 자동차 장난감을 제자리에 둬야 한다는 것, 즉 정리해야 한다는 것을 잊어버립니다. 그래서 이 시기에는 자기 물건을 잃어버리는 경우가 많답니다.

그래서 유아기에 정리 습관을 조금씩 잡아나가야 합니다. 자기 물건을 소중히 여기고 조금이라도 정리하는 마음을 갖는 것, 이것이 바로 정리 습관의 시작이랍니다. 만약 아이가 자동차 장난감을 놀이터에 두고 왔다면, "그래, 그렇구나" 하고 넘어가기보다 "저런, 자동차 장난감이 집에 못 와서 어떡하지? 지금 놀이터에서 울고 있을지 몰라. 같이 찾으러 가볼까?" 하고 아이와 함께 찾으러 가는 것이 좋습니다. 이렇게 자기 물건을 찾아보고, 또 제자리에 두는 경험을 하면서 아이는 조금씩 정리 습관을 만들어 갈 것입니다.

또 유아기에는 단순한 분류를 충분히 할 수 있습니다. 예를 들어 장난감을 정리할 때도 자동차 장난감과 인형을 따로 둘 수 있죠. 이런 특징을 이용한 놀이를 통해 자연스럽게 정리 습관을 잡

● 유아기 정리의 효과

효과	특징
같은 종류나 모양 등으로 분류	장난감 등을 분류해 정리정돈하는 과정에서 자연스럽게 분류의 개념을 연습할 수 있다.
일상적인 언어를 풍성하게 습득	정리정돈하면서 쓰는 말은 모두 일상적인 언어다. 정리정돈도 하면서 가족 간에 자연스럽게 주고받는 언어를 익히고 배울 수 있다.
조금씩 좋은 습관을 체득	세 살 적 버릇이 여든까지 간다는 속담처럼 어릴 때 몸에 밴 버릇은 오래간다. 유아기에 좋은 습관을 들여주면 삶에 좋은 영향을 줄 수 있다.

아가는 것이 중요합니다. 정리 놀이를 활용해 정리를 하기 싫은 것, 지겨운 것이 아니라 재미있는 것, 또 하고 싶은 것이라고 느끼게 할 필요가 있습니다.

아이가 정리를 처음 접할 때 재미없고, 싫다고 느끼는 이유는 아마도 양육자가 정리를 부정적으로 여기기 때문이지 않을까요? 양육자부터 정리에 대한 생각을 바꿔보세요.

정리 놀이를 하기 전에 몇 가지 준비가 필요합니다.

첫째, 수납 공간을 아이가 잘 볼 수 있고, 손도 잘 닿는 곳으로 배치해주세요.

둘째, 너무 무겁거나 다치기 쉬운 재질로 된 수납 상자는 피해주세요. 아이가 다칠 위험이 없는지 세심하게 살펴봐야 합니다.

셋째, 수납 상자는 물건을 꺼내고 넣기 쉽게 뚜껑이 없는 것이 좋아요. 뚜껑이 잘 열리지 않으면 아이가 실패를 경험하고, 정리는 어렵다는 고정관념을 가질 수 있어요. 무엇보다 정리를 쉽게 포기할 수도 있습니다.

넷째, 수납 상자에 그림이나 사진 등을 붙여서 뭘 정리하는 상자인지 쉽게 알 수 있게 해주세요. 인형을 담는 상자라면 인형 사진을, 자동차 장난감을 담는 상자라면 자동차 장난감 사진을 붙이면 좋겠죠.

이렇게 준비를 마쳤다면 다양한 정리 놀이를 해보세요. 아이와 가장 쉽게 해볼 수 있는 정리 놀이로 '음악과 함께 정리하기' 놀이가 있습니다. 아이가 좋아하는 음악을 틀어놓고 음악이 끝날 때까지 얼마나 많은 물건을 정리할 수 있는지 도전하는 놀이입니다. 음악과 함께해서 아이의 시각과 청각에 모두 자극을 줄 수 있어요.

보물찾기를 접목할 수도 있습니다. 정리할 물건 중 몇 가지를 보물로 정한 다음 아이에게 그것을 찾아 정리하도록 해보는 것입니다. 예를 들어 "우리 보물찾기 해볼까? 오늘 보물은 빨간 소방차 장난감이야. 빨간 소방차 장난감이 어디 있을까? 아무리 찾아봐도 안 보이네" 하면서 물건을 찾아 제자리에 두도록 유도해 보세요. 보물이라는 낱말은 신기한 모험과 같은 느낌을 줘 아이의 호기심을 자극할 수 있답니다.

누가 빨리 정리하나 놀이

1 아이와 재미있게 장난감을 갖고 놉니다.

2 장난감 놀이가 끝나면 정리 놀이를 할 시간이라고 알려줍니다.

3 장난감 중 뭘 정리할지 정합니다(예: 블록, 인형, 자동차 장난감 등).

4 "준비, 시작!"을 외치고 각자 자신이 맡은 장난감을 정리하기 시작합니다.

5 자신이 맡은 장난감을 다 정리하면 "정리 끝!"을 외칩니다.

6 정리를 잘했을 때는 칭찬해주며 앞으로도 잘할 수 있는 동기를 부여합니다.

유아기, 시간 정리는 이렇게!

유아기는 기본적인 시간 감각을 익힐 수 있는 시기입니다. 규칙적인 일과를 보내기 때문에 일어나는 시간도, 잠이 드는 시간도, 밥을 먹는 시간도 몸에 익숙하게 남아 있습니다. 물론 성장하면서 다양한 일상에서 시간의 개념을 접하기도 했고요. "한 시간만 밖에서 노는 거야", "밥 먹고 나서는 바로 양치하는 거야"처럼 말입니다.

이렇게 시간 감각을 익힐 수 있는 유아에게는 시간 정리가 꼭 필요합니다. 아이에게 시간 정리를 해주면, 시간 개념을 익힌 아이가 일과를 예측해 스스로 움직이는 습관을 들일 것입니다.

그렇다면 어떻게 해야 시간 정리를 제대로 할 수 있을까요? 바로 정해진 시간에 맞춰 규칙적으로 생활하는 습관을 들이면 됩니다. 매일 같은 때 일어나 세수하고 아침 식사를 합니다. 자기 전에는 잠자리에서 동화책을 두 권 읽고, 조도를 낮춘 다음 매일 같은 때 잠듭니다. 이렇게 정해진 시간에 맞춰 행동하면 자연스럽게 시간 개념이 생긴답니다.

모래시계나 타이머를 이용해 시간을 눈으로 볼 수 있게 해주는 것도 좋은 방법입니다. 유아는 아직 시계를 잘 읽지 못합니다. 그래서 떨어지는 모래로 시간을 짐작할 수 있는 모래시계나, 정해놓은 시간이 끝나면 소리가 나는 타이머를 활용하면 효과적으로 시간 정리를 할 수 있습니다. 예를 들어 "오 분 뒤에 정리하자"라고, 이야기하면서 타이머를 맞춰둡니다. 그러면 아이는 오 분이라는 시간의 길이를 인지하고, 시간 개념을 갖게 된답니다.

단 이렇게 시간 개념을 잡아줄 때는 꾸준히 해야 합니다. 시간 개념은 하루아침에 만들어지지 않습니다. 생활 속에서 꾸준히 반복해야 시간 개념을 만들어줄 수 있습니다. 매일 같은 때 일어나고, 자기 전 정해진 일들을 하다가 같은 때 잠들면서 시간 개념이 생기게 됩니다. 한번 하고 나서 "알겠지? 이 시간에는 일어나야 하는 거야"라고 이야기한다고 해서 바로 개념이 생기지는 않아요.

나아가 양육자가 시간 개념을 불규칙적으로 사용한다면, 아이는 시간 정리가 힘들어질 수밖에 없습니다. 유아기의 시간 정리는 습관의 틀을 세우는 훈련이기 때문에 반복이 중요합니다. 유

모래시계를 활용해 시간 감각을 익힐 수 있게 도와주세요.

아기에는 아직 추상적인 시간 감각이 형성되지 않았기 때문에, 반복되는 일상과 생활 리듬을 통해 구체적으로 시간의 흐름을 체험합니다. 즉 유아에게 시간은 시계로 읽는 것이 아니라, 경험으로 느끼는 질서입니다. 따라서 양육자는 정리된 시간 속에서 아이가 예측하고, 준비하며, 기다리는 법을 배울 수 있도록 지원함으로써 자기 주도적 시간 관리의 기초를 만들어줘야 합니다.

유아기 아이를 위한 정리

타이머를 활용한 시간 정리

1 아이와 활동할 때 타이머를 준비합니다. 예를 들어 외출 준비를 할 때 "우리 나갈 준비할 건데 시간이 얼마나 있으면 좋을까?" 하고 아이에게 물어봅니다.

2 아이가 만약 "10분"이라고 준비 시간을 이야기했다면, 타이머를 맞추고 준비하기 시작합니다. 이때 아이가 지나치게 짧은 시간을 이야기한다면 다시 한 번 생각할 기회를 줍니다.

3 타이머가 울리기 전에 준비를 마쳤다면 "성공!"이라고 외치고 서로 칭찬해줍니다. 이 과정에서 아이는 긍정적인 경험을 하고 시간 관리 능력을 키워나갈 수 있어요.

4 타이머가 울리기 전에 미리 알려주는 것도 좋겠죠. "일 분 뒤면 타이머가 울리겠네. 서두를까?"와 같은 식으로요. 이렇게 무리가 되지 않는 선에서 타이머를 활용해보세요.

공간 정리

놀이 공간과 학습 공간을 나누는 유아기

활동이 왕성하지 않은 영아기와 달리 유아기에는 적극적으로 걷고, 뛰고, 기어오르고, 뛰어내립니다. 그만큼 넓은 놀이 공간도 필요하고, 놀잇감 즉 장난감의 종류와 개수도 늘어납니다. 아울러 유아기에는 언어능력과 소근육이 발달하며 기초적인 학습 개념이 만들어집니다. 놀이와 학습 둘 다 꼭 필요한 시기가 바로 유아기라고 할 수 있어요.

가능하면 유아기에 필요한 놀이 공간과 학습 공간을 나누는 것이 좋습니다. 놀이, 학습, 수면 공간이 명확하게 구분되면 집중력과 안정감이 높아진답니다. 놀이 공간에는 더욱 안전하게 놀 수 있도록 안전 가드를 설치하거나, 즐거운 기분을 느낄 수 있도록 색과 패턴으로 장식하는 것이 좋습니다. 반면 학습 공간은 차분하게 집중할 수 있는 색으로, 수면 공간은 편안하게 휴식을 취

유아기의 방은 놀이 공간, 학습 공간, 수면 공간을 구분하면 좋습니다.

할 수 있는 분위기로 꾸미는 것이 좋겠죠.

물론 공간 구분이 필요하다고 해서 꼭 각각의 방을 마련해야 하는 것은 아닙니다. 방 한 칸 안에서도 충분히 공간을 나눌 수 있습니다. 예를 들어 방 입구 쪽에 재미있는 무늬의 러그를 깔고, 장난감 수납장을 벽에 붙이면 즐거운 놀이 공간이 만들어집니다. 창 쪽에는 낮은 책상과 의자를 두거나 책을 둬 학습 공간을 만들 수 있습니다. 침대를 벽에 붙인 다음, 아이가 좋아하는 색의 침구를 깔아주고 은은한 수면등을 준비하면 안락한 수면 공간이 됩니다.

이렇게 아이 공간을 정리할 때는 아이에게 의견을 물어보고, 최대한 반영해주세요. 정리 습관이 형성되는 유아기에 자주 쓰는 물건을 스스로 정리하는 경험을 하게 해주는 거죠.

"서연이는 방에서 뭐 해?"

"잠도 자고, 장난감도 갖고 놀고, 책도 봐요."

"그러면 장난감은 장난감끼리, 책은 책끼리 모아보면 어떨까? 그러면 서연이가 놀 때는 더 재미있게 놀고, 책을 읽을 때는 더 재미있게 읽을 수 있지 않을까?"

"그런 것 같아요. 그럼 장난감한테 집을 만들어주고 싶어요."

"장난감 집? 그거 좋은 생각인데. 예쁜 수납 상자로 장난감 집을 만들어주자."

이렇게 이야기를 나누면서 정리에 적극적으로 참여시킵니다. 그러면 아이는 자기 방을 긍정적으로 여기고, 정리된 상태를 오래 유지하려 노력합니다.

만약 아이와 수납 상자로 장난감 집을 만들었다면, 이후에도 "우리 다 놀았으니, 장난감들을 집에 보내줄까?"라며 정리를 유도할 수 있습니다. 아이는 '우리도 집에 가서 쉬니까 장난감도 집에 가서 쉬어야지'라고 자신과 장난감을 동일시하기 때문입니다. '장난감 집에 보내기'를 정리 놀이로 활용한다면 아이에게 정리 습관을 형성해줄 수 있을 거예요.

저는 고객 집을 방문해 정리수납 상담과 서비스를 제공하다 보니 인상 깊은 일을 많이 겪습니다. 일호네에서도 재미있는 일이 있었습니다.

일호 어머니는 일호가 갖고 논 후 여기저기 그대로 내버려둔 자동차 장난감을 정리하느라 매우 지쳐 있었어요. 어떻게 하면 일호가 놀고 난 뒤 장난감을 제자리에 정리할 수 있을지 고민한 끝에 거실 한쪽에 테이프로 주차선을 만들어줬습니다. 그러자 어떤 일이 벌어졌을까요?

저와 일호 어머니는 일호가 자동차 장난감을 주차선 안으로 들어 옮길 줄 알았습니다. 그런데 일호는 장난감에 올라타더니 앞뒤로 왔다 갔다 하면서 주차를 하더라고요. 아무도 가르쳐주

주차 공간을 만들어주자, 일호가 알아서 제자리에 자동차를 주차했습니다.

지 않았지만, 가족과 외출했다 주차장에 들어오면 엄마 아빠가 어떻게 주차하는지 이미 알고 있었던 거예요.

아주 간단한 아이디어로 일호도 엄마도 정리를 행복하고 즐거운 일이라고 생각하게 됐습니다. 정리는 가르치는 것이 아니라 양육자가 보여주는 것임을 다시 한 번 확인할 수 있었습니다.

유아기에는 자기 물건과 엄마 아빠의 물건을 구분하는 능력이 생기고, 소유욕이 발달해 자기 물건에 대한 애착이 더욱 커집니다. 때문에 이 시기 아이에게 자기 물건을 잘 정리하는 습관을 들여주는 것이 좋습니다. 양육자가 규칙을 정한 다음 아이에게 강요나 지시를 하기보다는 시범을 보이고, 아이가 양육자를 따라 하고 싶게 만드는 것이 중요합니다. 아이는 정리 습관을 통해 물건을 소중히 여기고, 자기 물건을 잃어버리지 않고 잘 챙길 줄 알게 됩니다.

요즘은 물건 사는 것이 어렵지 않아 많은 사람이 자기 물건을 소중히 여기지 않는 경향이 있습니다. 그런데 어릴 적부터 물건을 아끼고 소중히 여기는 습관을 들인다면, 어른이 됐을 때도 물건을 함부로 다루지 않겠죠. 그런 의미에서 유아기 정리 습관은 큰 경쟁력이라 할 수 있습니다.

아이와 함께 공간 만들기

1 **아이만의 수납 상자 만들기**

아이만의 수납 상자를 만들고 이름표를 붙인 다음 갖고 논 장난감을 넣어두게 합니다. 자기 것에 대한 애착이나 책임감을 바탕으로 정리정돈을 배울 수 있습니다.

2 **수납 상자에 그림 붙이기**

아이가 혼자 정리할 수 있도록 수납 상자에 어떤 것을 정리할지 그림으로 붙여 알기 쉽게 합니다. 아이가 그린 그림을 붙여도 좋습니다.

3 **아이의 규칙 존중하기**

어른이 규칙을 정해주기보다 아이 스스로 규칙을 정하게 하고 이를 존중해주는 것이 바람직합니다. 아이의 자율성을 어느 정도 보장해주세요.

4 **작은 행동도 칭찬하기**

아이가 자신의 수납 상자에 물건을 하나라도 정리했다면 칭찬해줍니다. 칭찬이 모이면 아이에게 좋은 습관을 들여줄 수 있습니다.

Q&A

Q 어떻게 하면 정리 잘하는 아이로 키울 수 있을까요?

A 정리 잘하는 아이로 키우려면, 다음 다섯 가지를 유의하세요.

첫째, 수납 공간을 만들어주세요. 정리 좀 하라고 잔소리하기 전에 물건을 쉽게 수납할 수 있는 제대로 된 공간을 만들어주는 것이죠. 그러지 않으면 휴지통도 없는데 "휴지를 함부로 버리면 어떻게 하니?"라고 야단치는 것과 같습니다.

둘째, 물건을 썼으면 제자리에 두는 것이 원칙이라는 걸 자연스럽게 알려주세요. 칫솔을 썼으면 다시 칫솔이 있던 곳에 놓고, 장난감을 갖고 놀았으면 장난감 수납함에 넣고, 책을 봤으면 다시 책장에 꽂게 합니다. 이런 활동이 반복되면 자연스럽게 정리 습관이 생긴답니다.

셋째, 정리하면 편해진다는 것을 알려주세요. 블록 놀이를 하다가 필요한 블록이 없어서 찾느라 고생한 적이 있는 아이라면 '아, 다음에는 블록을 제대로 놔둬야겠다'라고 생각할 것입니다. 반대로 정리를 잘해서 필요한 것을 바로 찾은 경험이 있는 아이라면 '정리해뒀더니 정말 빨리 찾을 수 있구나' 하고 생각할 것입니다. 이처럼 정리가 귀찮은 일이 아니라 편해지는 일이라는 것을 스스로 알고 실천할 수 있게 도와주세요.

넷째, 어른이 먼저 모범을 보여주세요. 양육자는 제대로 정리하지 않으면서 아이에게만 정리하기를 바랄 수는 없습니다. 어른이 먼저 자기 물건을 잘 정리하면, 아이는 분명 본 대로 따라 할 것입니다.

다섯째, 야단치기보다는 칭찬해주세요. 아이가 하면 당연히 어설프고 부족할 수밖에 없습니다. 그러니 무작정 혼내지 말고 잘했다고 말해주세요. 물론 칭찬이 지나치지 않도록 조심해야겠죠. 늘 칭찬만 하면 오히려 효과가 없을 수 있습니다. 아이의 나이에 맞게 적절히 칭찬하고 주의를 주는 것이 바람직하답니다.

하루아침에 정리 잘하는 아이로 키울 수는 없어요. 제대로 된 수납 공간도 만들어줘야 하고, 물건을 제자리에 갖다 놓을 수 있게 알려줘야 하고, 정리하면 편해진다는 것도 느끼게 해줘야 하고, 어른이 모범도 보여야 하고, 칭찬도 해줘야 하니까요. 하지만 이런 노력이 모여서 아이의 습관을, 삶의 질서를 만들어줄 수 있다는 점을 잊지 마세요.

RESET

3장

정리 습관의 형성, 아동기

아동기는 초등학교 입학 무렵부터 사춘기 전까지로, 대략 6세부터 12세까지를 말합니다. 신체적 성장의 안정기이자, 정신·사회적 능력과 학습 능력이 급격히 커지는 시기죠. 초등학교라는 작은 사회생활을 하며 사회성도 커지고요.

가정이라는 울타리 외에 학교라는 울타리가 생기면서, 가족만큼 친구와도 오랜 시간 함께합니다. 친구를 집에 초대하기도 하고, 또 친구네 집에 놀러 가기도 해요. 만약 우리 집이 정리가 잘돼 있고 깨끗하다면 아이는 신이 나서 친구를 초대할 수 있을 것입니다. 그렇지 않다면 아이는 친구 초대를 고민하겠죠.

정리수납 전문가로 이뤄진 콩알 봉사단에서 초등학생이 있는 가정으로 봉사활동을 간 적이 있습니다. 엄마가 우울증을 심하게 앓아 일상생활을 거의 하지 못하는 상태였어요. 물론 집안일을 하기도 어려워 집 안 곳곳이 쓰레기로 가득 차 있었습니다.

쓰레기를 치우고 물건 정리가 끝날 무렵, 초등학교 5학년인 딸이 학교를 마치고 돌아왔습니다. 그 딸이 정리된 방을 보고 처음 한 말이 "내일 우리 집에 친구 초대해도 되나요?"였습니다. 그동안 집을 보여주고 싶지 않아 친구를 초대하지 못한 아이의 마음을 읽을 수 있었습니다.

해당 가정의 경우는 어쩔 수 없었지만, 양육자가 건강하다 하더라도 정리하는 습관이 충분하지 않다면 문제가 생길 수 있겠죠. 양육자의 생활 습관이 때로는 아이에게 상처를 주고, 마음 아프게 할 수도 있다는 점을 기억해주세요.

이처럼 아동기는 유아기와 달리 가족과의 관계도 중요하지만, 친구와의 관계도 중요해지는 시기입니다. 아동기의 친구란 함께 성장하며, 자신을 비추는 관계의 거울이기도 합니다. 친구를 통해 사회를 배우고, 감정을 정리하며, 신뢰를 경험합니다.

생각 정리

정리 체크리스트가 필요한 아동기

유아기와 비교하면 아동기는 더욱 적극적으로 정리할 수 있는 시기입니다. 논리적인 정리 습관이 형성되기 때문입니다.

아동기의 특성은 크게 세 가지입니다.

첫째, 아동기에는 카테고리별 분류를 할 수 있습니다. 유아기에는 '크다', '작다'와 같이 단순하게 분류했다면, 아동기에는 더욱 체계적으로 분류해 정리할 수 있어요. 예를 들어 교과서는 책상 위 책꽂이에, 필독 도서는 책장 첫 번째 칸에, 필통은 책상 서랍 두 번째 칸에, 잘 쓰지 않는 필기구는 책상 서랍 세 번째 칸에 정리하는 식으로요.

둘째, 아동기에는 내 가방, 내 인형, 내 옷, 내 책 등 자기 물건에 대한 애착이 강해집니다. 그래서 유독 버리는 것을 어려워해요. 자기 물건을 버리는 것이 아깝고 속상한 거죠. 이때 양육자가 많이 하는 실수가 아이 물건을 몰래 버리는 일입니다. 아이는 자기 것을 함부로 대하는 어른에게 큰 상처를 받을 수밖에 없습니다.

그렇다면 잘 버리지 못해 정리가 안 되는 문제를 어떻게 해결해야 할까요? 이는 아동기의 세 번째 특성에서 답을 찾을 수 있습니다.

아동기의 세 번째 특성은 이유를 납득하면 실천할 수 있다는 것입니다. 왜 정리해야 하는지, 왜 필요 없는 물건을 버려야 하는지, 그 이유를 논리적으로 설명해주세요. 무턱대고 "그거 낡았어. 버려!"라고 하면 아이는 반발할 수밖에 없겠죠. "그 인형은 10년이나 함께했잖아. 그래서 보풀도 많고, 먼지도 많이 묻어서 갖고 놀기 힘들지 않아? 그래서 네가 인형을 만질 때마다 기침하는 것 같아 걱정되는데, 그만 보내줄까?" 이런 식으로 설명하고 설득하는 과정이 필요합니다.

아동기에는 정리 습관을 잘 만드는 것이 무엇보다 중요합니다. 영아기에 양육자가 모범을 보여주고, 유아기에 단순한 정리를 함께했다면, 아동기에는 정리 습관이 제대로 자리 잡도록 도와주세요. 아동기의 소유는 자아의 시작이고, 정리는 그 자아를 성장시키는 훈련입니다. 자기 것을 소중히 다루는 아이는 다른 사람 것도 존중하는 어른으로 성장할 것입니다.

● 아동기 아이의 물건을 버리는 기준

기준	버릴 것
나이	초등학생이 되는 아이에게 영유아 때 물건은 불필요하다. → 유아용품이나 아기 때 장난감은 버린다.
사용 빈도	아이가 잘 입지 않는 옷, 갖고 놀지 않는 장난감은 고민한다. → 아이와 의논해 남길 것과 버릴 것을 정한다.
공간	아이 방에 어울리지 않는 물건은 정리한다. → 아이 방을 창고처럼 쓰고 있다면 물건을 치운다.

그렇다면 정리 습관을 어떻게 만들면 좋을까요?

먼저 아이와 함께 정리 기준을 정합니다. 어른이 일방적으로 정해주면 아이가 받아들이지 못할 수도 있습니다. 아이가 스스로 정하도록 해야 합니다. 예를 들어 "진아야, 진아 방 정리는 진아가 앞장서서 해야 해. 어디에 어떤 물건을 두면 좋을지 함께 고민해볼까?"로 시작해보면 어떨까요? 미흡한 부분은 어른이 조금 힌트를 주면 좋겠죠. 사용 빈도에 따라 기준을 정해보라고요. 매일 필요한 양말이나 속옷과 겨울에만 입는 코트를 같은 데 정리하면 옷을 꺼낼 때 불편하겠죠. 그러니 자주 쓰는 것은 꺼내기 쉬운 곳에 정리하도록 유도해주세요.

세 번째 이유는 누가 해줄 것이라고 생각하기 때문입니다. 아이가 이렇게 생각한다면, 양육자가 대신 정리해준 적은 없는지 생각해보세요. 아마도 아이는 이 일을 계기로 스스로 정리해야 할 필요성을 느끼지 못하게 됐을 거예요. 자신이 하지 않아도 양육자가 해줄 것이라고 믿고, 게으름을 부리는 거죠.

이런 이유들로 아이가 정리를 못한다면 차근차근 해결해야 합니다. 먼저 정리에 대한 기준이 다르다면 아이와 대화를 나눠보세요. 각자 자신이 생각하는 정리 기준을 이야기해보는데, 이때 주의할 점은 양육자가 정리 기준을 무턱대고 강요해서는 안 된다는 것입니다. 아이가 생각하는 정리 기준뿐 아니라 그렇게 생각하는 이유까지 충분히 들어주세요. 그러고 나서 양육자가 생각하는 정리 기준과 그 이유를 충분히 들려주세요. 이 과정에서 서로가 고개를 끄덕이는 기준을 찾을 수 있을 것입니다.

다음으로 아이가 정리를 한꺼번에 하는 것이라고 여긴다면, 정리되지 않은 공간에서 지내면 불편하지 않은지 생각해보게 하세요. 분명 정리를 미루는 동안 물건을 찾지 못했다거나, 공간이 지저분해 기분이 좋지 않았던 경험을 떠올리고 정리에 대해 다시 생각할 거예요.

끝으로 아이가 누가 대신 정리해줄 것이라 생각한다면, 앞으로는 스스로 해야 한다고 못을 박아야 합니다. 양육자가 아이의 생각, 시간, 공간을 언제까지나 정리해줄 수는 없으니까요. 물론 아이가 처음에는 '설마 지저분하면 정리해주겠지'라고 생각할지도 몰라요. 그래도 아이가 스스로 할 수 있도록 격려하고 응원하면서 조금 더 기다려줘야 합니다. 이때 만약 아이가 조금이라도 정리하려고 노력한다면 놓치지 말고 충분히 칭찬해주세요. 칭찬 덕분에 자기 행동에 긍정적인 자극을 받을 수 있기 때문입니다.

Dooper

더불어 평소에 깔끔하던 아이의 공간이 어수선하다면 아이를 잘 살펴보세요. 아이가 스트레스를 받고 있지는 않은지, 학교생활이나 교우관계는 괜찮은지 확인해보세요. 아이의 복잡한 마음이 겉으로 표현된 것일 수도 있습니다. 아이의 마음을 읽고, 아이의 고민을 들여다봐주세요.

아동기에는 자기 주도적 정리 습관을 들여야 한다는 말이, 양육자가 아이의 공간, 시간, 생각에 무관심해지라는 의미는 아니랍니다. 관심을 갖고 살피되 아이가 스스로 할 수 있도록 시간을 주세요. 양육자의 역할은 아이를 최대한 격려하고 지지해주는 것입니다.

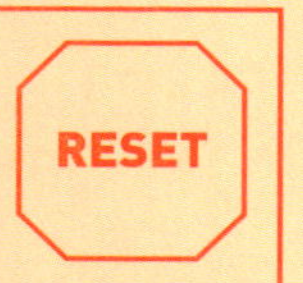
RESET

4장

자기 주도적 정리, 청소년기

청소년기는 일반적으로 중고등학교를 다니는 13세에서 18세를 말합니다. 아동에서 성인으로 가는 과정이다 보니 신체적·정서적·사회적 변화가 그 어느 시기보다 큽니다.

무엇보다 신체적으로 크게 변합니다. 키가 갑자기 10센티미터 이상 자란다든지, 얼마 전에 산 신발이 금세 작아질 정도로 발이 커지는 등 급격한 성장을 경험합니다. 또 이차성징의 영향으로 감정 기복이 급격해지기도 합니다. 굴러가는 낙엽만 봐도 까르르 웃을 나이라고 할 정도로 쉽게 흥분하고 즐거움을 잘 느끼는 한편 쉽게 스트레스를 받고 불안, 분노, 우울의 감정도 잘 느낍니다.

신체적 · 정서적 에너지가 높다 보니 도전과 모험에 대한 욕구도 점점 높아집니다. 때로는 양육자가 보기에 무모하거나 위험한 행동을 하기도 하죠. 양육자가 이를 제지하면 아이는 자신을 통제하려는 간섭이나 잔소리로 느껴 거부 반응을 보이는 경우도 많습니다.

사회적으로는 어느 정도 자기 행동에 책임을 져야 하는 나이지만, 보호자의 동의가 필요한 일도 많아 아동도 아니고 성인도 아닌 듯한 느낌에 혼란과 불만을 느끼기 쉽습니다. 그러면서 자기 독립성과 자아 정체성에 대한 고민이 시작되고, 부모에게서 독립해 모든 일을 스스로 결정하려는 의지가 강해집니다.

청소년기 아이의 방은 아이의 마음을 비추는 거울입니다. 정리되지 않은 책상, 아무렇게나 던져진 옷, 제각각 쌓인 물건 속에 게으름이

아니라 혼란스러운 정체성과 감정의 흔적이 담겨 있기도 합니다. 이 시기 아이에게 정리를 가르치는 것은, 물건을 가지런히 놓게 하는 일이 아니라 삶의 질서와 마음의 균형을 찾아가도록 돕는 일입니다. 누가 시켜서가 아니라 자기 주도적으로 정리할 수 있게 해주세요. 아동기까지는 주로 양육자가 주도하고 아이가 참여하는 식이었다면, 청소년기부터는 공간과 물건에 대한 주도권을 아이에게 넘겨주되 적절한 방법으로 스스로 관리할 수 있도록 유도해야 합니다. 자신의 시간과 공간을 정리하는 습관을 통해 급격한 신체적, 감정적 변화 등 복잡하고 혼란스러운 상태를 자연스럽게 받아들이고 스스로 조절할 수 있도록 도와주세요.

개인 공간이 중요한 청소년기

종종 이 시기 아이의 방문을 열어보면 한숨이 절로 나옵니다. 방바닥에는 아무렇게나 벗어놓은 옷들이 널브러져 있고, 책상 위에는 책과 필기구 외에도 각종 물건이 쌓여 있고, 침대 구석에는 돌돌 말아놓은 양말이나 과자 봉지가 쑤셔 박혀 있기도 하고요. 답답한 마음에 방 청소와 정리를 해줘도, 고맙다는 소리를 듣기는커녕 물건이 없어졌다며 왜 자기 물건을 함부로 치우냐는 짜증 섞인 반응이 돌아옵니다. 고생은 고생대로, 상처는 상처대로 받고 다시는 청소해주지 않겠다고 다짐하게 만들죠.

하지만 이때 단순히 정리되지 않은 상태만 보고 아이를 질책하거나 게으르다고 비난하는 일은 삼가야 합니다. 아동기에서도 설명했듯 부모가 보기에는 어질러져 있지만 아이는 자신의 기준에 따라 정리해놓은 상태일 수도 있고, 주변이 어지러워도 필요

청소년기 아이의 물건을 치우기 전에 아이 본인의 의사를 물어보세요.

한 물건을 찾을 수 있다면 크게 문제라고 생각하지 않기 때문입니다.

청소년은 자기만의 공간과 스타일을 매우 중요하게 생각합니다. 아무리 부모라도 자신의 공간과 물건을 마음대로 할 수 없다고 여기죠. 그리고 감정 변화가 크다 보니 그때그때 마음 가는 대로 행동하는 즉흥적인 생활 습관으로 인해 정리보다는 편함을 우선시하는 경향이 있습니다. 아이와 양육자가 중요하게 생각하는 관심사도 다릅니다. 아이는 학업이나 외모를 우선하고, 부모는 눈에 보이는 정리를 우선하니 부딪칠 수밖에요.

양육자는 우선 이런 청소년기 특징을 잘 이해하고, 아이의 개

● 청소년기에 정리수납을 못하는 이유

이유	설명
시간 부족	학업 시간에 비해 여가 시간이 적고, 학업 시간과 여가 시간을 적절히 조절하는 능력이 부족해 정리정돈 시간을 따로 내기 어려울 수 있다.
동기 부족	자신은 불편하지 않은데 굳이 왜 정리정돈해야 하는지 모르겠다고 생각할 수 있다.
공간 부족	공간에 비해 물건이 많아 정리정돈이 안 될 수 있다.
정리 방법 모름	그동안 양육자가 정리해줬기 때문에 자기 물건을 어떻게 분류하고 정리해야 하는지 그 방법을 모를 수 있다.

인 공간을 인정해줘야 합니다. 청소년기 아이에게 방이 따로 없다면, 방을 마련해줘야 하고요. 어쩔 수 없이 형제자매와 함께 써야 한다면 책상, 침대 등으로라도 개인 영역을 만들어주는 것이 좋습니다. 더불어 아이 방에 들어갈 때는 노크를 하고, 양육자의 기준으로 아이 물건을 함부로 치우거나 정리하지 않는 등 아이가 자신과 자신의 공간이 양육자에게 인정받고 있다고 느끼게 해주세요.

그렇다고 청소나 정리가 안 된 상태로 마냥 놔둘 수는 없습니다. 이때는 "청소해라", "책상 정리 좀 해라", "쓰레기는 쓰레기통에 버려라"처럼 강요나 명령하는 말투보다는 "쓰레기통은 어디에 두면 네가 사용하기 편하겠니?", "네 물건 중 엄마가 치우면 안 되는 것은 이 서랍에 넣어두는 게 어때?"처럼 아이가 주도적으로 정리하도록 유도해보세요.

이런 제안이 청소년기를 보내는 아이에게 받아들여지려면, 무엇보다 아이와 관계가 좋아야겠죠. 그렇지 않으면 아무리 좋은 의도로 건넨 말도 아이가 받아들이지 않고 반감을 품을 테니까요. 만약 아이와 관계가 좋지 않다면, 먼저 관계 회복에 집중하세요.

가끔 한 번씩 바닥에 널브러진 옷을 걸어주고, 방바닥 먼지 청소를 해주고, 아이가 미처 내놓지 못한 빨랫거리나 버려야 할 쓰레기를 들고 나와주세요. 정리된 방이 한결 쾌적하다는 것을 느끼도록요. 물론 기껏 아이 방을 청소하고 정리해줘도 좋은 소리를 못 들을 수 있다는 마음의 준비는 하시고요.

양육자가 보기에는 버려야 하지만, 아이 기준에는 소중한 물건도 있습니다. 찢어진 종이, 과자 봉지, 코 푼 휴지처럼 확실한 쓰레기가 아니라면 함부로 버리지 말고, 작은 바구니에 담아두세요. 나중에 아이에게 물어보고 처리함으로써 아이의 공간과 물건에 대한 정리 주도권이 아이 본인에게 있음을 인지하게 하는 것이 좋습니다.

"누굴 닮아서 정리를 못하는 거냐?", "이렇게 지저분한 책상에서 공부가 되겠냐?" 등 감정이 담긴 비난은 삼가고, 아이가 청소나 정리수납을 할 시간도 없이 바쁜 것은 아닌지, 어질러진 방

상태처럼 아이의 감정 상태가 복잡하지는 않은지를 살피는 것이 더 중요합니다.

그리고 아이의 취향을 인정해줘야 합니다. 자기 취향이 분명해지는 청소년기에는 그에 맞는 물건들을 사들여 방을 꾸미기 시작합니다. 좋아하는 연예인 또는 운동선수의 사진을 벽에 덕지덕지 붙여놓거나 관련 상품을 방 안 여기저기 놔두는 것이 마음에 들지 않더라도, 아이가 자기 공간을 취향대로 꾸미는 것을 지켜봅니다. 아이의 취향에 관심을 보이는 것도 좋겠죠. 그 가수가 왜 좋은지, 그 운동선수의 장점은 뭔지, 이 캐릭터 상품은 주로 어디서 사는지 등 아이의 취향을 이해하는 과정이 필요합니다.

그런 뒤에 "책상 주변보다는 침대가 있는 이쪽 벽에만 사진을 붙이면 어떨까?", "그 가수의 사진은 여기저기 놔두지 말고 이 파일에 넣어서 한곳에 보관하는 것이 좋겠다" 등 적절한 정리 방법을 제안한다면, 아이도 수긍하거나 자신의 의견을 내놓을 것입니다. 자기 물건을 어떻게 분류하고 정리해야 할지 모르는 상태일 수도 있으니, 정리 방법을 알려주되 아이와 상의하고 아이 스스로 결정하도록 하는 것입니다. 아울러 공간이 한정돼 있으니, 아무리 자기 취향에 맞는 물건이라도 너무 많으면 정리하기가 더 어렵다는 것을 알리고 물건을 살 때 더 신중해지도록 유도합니다.

아동기와 마찬가지로 정리 기준을 정해 종류가 같은 물건은 되도록 한곳에 정리하게 합니다. 그러면 자신이 갖고 있는 물건을 쉽게 파악할 수 있고, 있는 물건을 모르고 또 사는 일을 막을 수 있습니다. 예를 들어 아이가 청바지를 새로 사달라고 한다고 하죠. 그러면 갖고 있는 청바지의 개수나 종류를 한눈에 파악할 수 있게 한곳에 정리하게 하고, 청바지를 살 필요가 있는지 스스로 판단하게 합니다. 청바지가 많으니 안 된다는 말보다는 설득력이 있을 것입니다.

아이가 주도적으로 정리하게 만들려면 먼저 동기를 마련해줘야 합니다. '공간이 깨끗하면 더 집중이 잘된다', '필요한 물건을 쉽게 찾을 수 있어 편하고 시간을 아낄 수 있다', '정리를 하면 내가 갖고 있는 물건을 쉽게 파악해 불필요한 구매를 막고 용돈을 필요한 곳에 쓸 수 있다'. 'SNS에 깔끔하게 정리된 내 공간을 자랑할 수 있다', 이렇게 정리가 필요한 논리적·감성적 이유를 알려줘, 아이가 스스로 정리할 마음이 들게 돕습니다. 청소년기를 보내는 아이에게는 시간과 공간을 자신에게 편하게 주도적으로 정리할 수 있도록 해줘야 합니다.

멘토를 활용한 정리 동기 부여

자기 주도적으로 정리하게 하려면 당사자가 정리의 필요성을 깨달아야 합니다. 양육자를 비롯한 다른 사람은 어디까지나 상담 등 옆에서 도우는 것밖에 할 수 없습니다. 그런데 누가 도움을 주느냐에 따라 같은 말도 다르게 들립니다. 아이가 존경하거나 신뢰하는 사람, 즉 멘토를 통하면 아이에게 정리의 필요성을 쉽게 알려줄 수 있어요.

- 또래 친구나 선배: 청소년은 성인보다 또래 친구나 선배의 말을 더 신뢰합니다. 또래 친구, 형제자매, 사촌 등에게 '이렇게 정리하니 좋더라, 이렇게 시간 관리를 하니 좋더라'라고 경험을 듣는 자리를 마련해주세요.
- 선생님이나 신뢰하는 성인: 양육자가 아무리 말해도 듣지 않다가 존경하는 선생님이나 좋아하는 삼촌 등이 말하면 한번에 듣는 경우가 있습니다. 이런 사람이 주변에 있다면, 양육자 대신 아이에게 정리의 필요성을 조언해달라고 부탁하세요.
- 좋아하는 연예인, 예술가, 운동선수: 이들의 말과 행동이 청소년에게 미치는 영향력은 대단합니다. 그가 사는 집이 정리가 잘돼 있다든가, 시간 관리를 잘하다든가 하는 예를 들어 아이에게 정리 습관에 대한 동기를 부여해주면 어떨까요?

청소년기, 시간 정리는 이렇게!

청소년기는 그 어느 때보다 학업이 중요한 시기입니다. 하루 중 학업에 할애하는 시간이 가장 많습니다. 한편 가족보다도 사회적인 관계를 더욱 중요하게 생각하는 시기이기도 합니다. 그래서 주말에 가족과의 외식보다 친구와의 약속을 우선하기도 하죠. 공부, 친구와의 만남, 취미 생활, 휴식, 운동 등 다양한 활동을 하기 위해서는 시간을 균형 있게 써야 합니다.

아동기에 이미 자기 주도적 시간 관리 습관을 들였다면, 청소년이 돼서도 어렵지 않게 시간을 관리할 수 있습니다. 아직 습관이 제대로 잡혀 있지 않다면, 더 늦기 전에 자기 주도적 시간 관리 습관을 들일 수 있도록 도와주세요. 학교와 학원에 가는 시간을 빼면 청소년기 아이에게 남는 시간이 많지 않기 때문입니다. 이런 상황에서 자기 주도적 시간 관리 능력이 부족하면 학업과 휴식의 균형이 깨질 수 있고, 시간에 쫓겨 스트레스를 받을 수밖에 없습니다.

자기 주도적 시간 관리를 하기 위해서는 우선 자신에게 맞는 생활 습관이 뭔지 파악해야 합니다. 자는 시간을 줄여 새벽 공부를 하던 선배가 좋은 대학에 입학했다며 무턱대고 따라 했는데, 해당 학생에게는 맞지 않아 효과는커녕 낭패를 볼 수도 있습니다. 다른 누군가가 아닌 자신에게 맞는 시간 계획을 세워야 합니다.

청소년기는 자아 정체성을 찾아가는 시기인 만큼 자기 주도적인 시간 관리를 위해서도 자신에 대해 아는 것이 가장 중요합니다. 나는 몇 시간을 잤을 때 컨디션이 제일 좋은지, 하루 중 가장 집중력이 좋은 시간은 언제인지, 내가 가장 낭비하는 시간은 뭔지, 여가 시간에 우선순위로 둬야 하는 일은 뭔지 등 자신의 하루를 점검해보고 자신에 대해 알아가야 합니다. 혼자 하기 힘들어한다면 양육자나 다른 누군가가 아이에게 위와 같은 질문을 던져 스스로 알아가도록 도와주세요.

자신에게 맞는 생활 습관을 어느 정도 파악했다면, 이를 토대로 시간 계획을 세웁니다. 학교, 학원 시간처럼 자신이 통제할 수 없는 시간을 먼저 배정하고, 나머지 시간을 생활 습관에 맞게 배정합니다. 예를 들어 아침잠이 없고 아침에 가장 집중력이 좋다

자신에게 맞는 시간 계획은 오직 자신만 세울 수 있다는 걸 알려주세요.

면 일찍 일어나 학교 가기 전까지를 공부하는 시간으로 정하는 것이 좋지만, 아침잠이 많고 아침에 집중력이 떨어진다면 잠을 충분히 잘 수 있도록 계획을 세우는 것이 좋습니다.

또 누구에게는 독서가 학업에 지친 머리를 달래는 휴식에 해당하겠지만, 누구에게는 학업의 연장선일 수 있습니다. 이처럼 자신에게 맞는 시간 계획은 오직 자신만 세울 수 있기에 자기 주도적으로 시간을 관리하는 습관을 들여야 합니다.

하루에 주어진 시간은 24시간으로, 제한된 시간을 효율적으로 관리하기 위해서는 우선순위를 정하는 것이 좋습니다. 학업, 운동, 대인관계, 휴식 등 해야 할 일과 하고 싶은 일 등을 적어보고 중요하고 급한 일부터 우선적으로 시간을 배정합니다. 더불어 먼저 배정된 일을 할 때는 포모도로 기법 등을 활용, 보다 효과적으로 시간을 관리하는 것을 추천합니다.

이렇게 우선순위를 정하고 각 활동에 구체적으로 시간을 배분해 계획을 세우면, 해야 할 일을 놓치지 않고 더 많은 일을 해낼 수 있습니다. 또 불안과 스트레스는 줄어들고 성취감은 커지겠죠.

다만 우선 급하게 해야 할 일만 하다 보면 오히려 집중력이 떨어지고 스트레스를 받을 수 있습니다. 50분 공부 후 10분 휴식하기, 주말에 한두 시간은 좋아하는 운동이나 취미 생활을 하며 보내기 등 적절한 휴식 시간을 확보해 체력을 충전하고 집중력을 유지할 수 있도록 하세요.

이런 점에서 청소년기에 충분한 수면은 매우 중요합니다. 잠이 부족하면 체력이 떨어지고 집중력과 기억력도 떨어집니다. 무엇보다 수면 중에는 학습한 내용이 장기기억으로 전환되기 때문에 학업에 할애하는 시간만큼이나 수면 시간이 중요해요.

그런데 아동복지 전문 기관 초록우산이 발표한 '2024 아동행복지수'에 따르면, 2024년 우리나라 아동·청소년의 하루 평균 수면 시간은 2021년보다 15분 줄어든 7시간 59분이고, 불면증을 겪는 아동·청소년은 13.1퍼센트나 됩니다. 특히 고등학생의

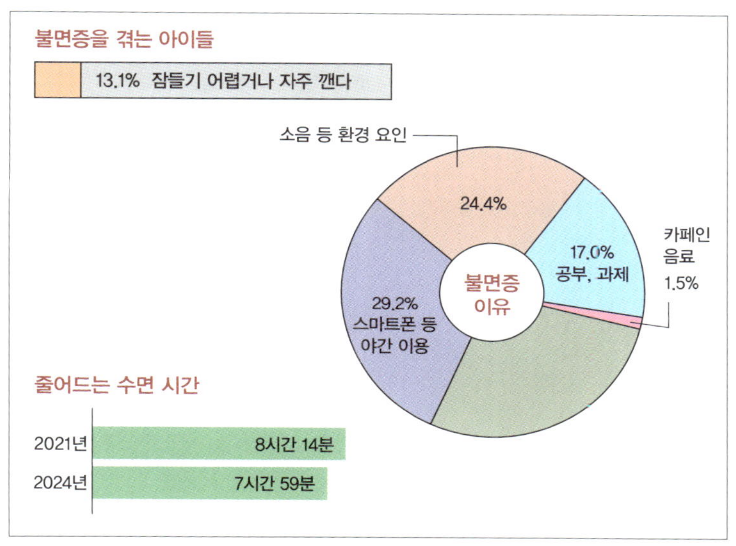

하루 평균 수면 시간은 6시간 42분이고, 고등학생 응답자의 70.4퍼센트는 수면이 부족하며, 18.7퍼센트는 불면증을 겪고 있다고 답했습니다. 학년이 올라갈수록 수면 시간은 점점 줄어들고, 잠 못 드는 아이는 늘어나는 것입니다.

불면증의 주된 이유로는 무려 29.2퍼센트가 휴대전화나 태블릿 PC 등의 미디어 활동 때문이라고 답했습니다. 한숨 돌리려고 하는 스마트폰 게임, 유튜브 시청, SNS 등의 미디어 활동이 오히려 휴식을 방해하고 집중력을 떨어뜨리는 것입니다. 충분한 수면과 효율적인 시간 관리를 위해서라도 과도한 스마트폰 사용을 지양해야 합니다. 공부 시간에는 스마트폰을 다른 방에 갖다 놓는다든지, 특정 시간에만 스마트폰을 한다든지, 스스로 스마트폰 사용을 제한하는 습관이 필요합니다. 하지만 성인도 스마트폰을 자제하기가 어려운 것이 사실입니다. 그러니 가족이 함께 규칙을 정해 모두가 과도한 스마트폰 사용을 자제하도록 노력해 주세요.

또 청소년기에는 학교생활을 중심으로 1년 일정이 정해지는 만큼 장기적인 일정 관리도 필요합니다. 시험기간, 수학여행, 체육대회 등 학교 일정에 따라 우선순위가 달라질 수 있고, 학기 중과 방학은 배분할 수 있는 시간이 다르기 때문입니다. 예를 들어 시험기간에는 친구와의 만남을 미루거나 유튜브 시청 시간을 줄인다든지, 방학에는 부족한 과목을 공부할 계획을 세우거나 평소 하지 못한 운동이나 가족 여행, 취미 생활, 친구와의 만남을 통해 기분을 전환하고 체력을 보충한다든지, 상황에 맞게 우선순위를 정해 실행할 수 있도록 합니다.

그런데 간혹 시간 계획을 세우고 일정을 정리하는 데 너무 많은 시간을 허비하는 경우가 있습니다. 계획을 세우는 것도 중요하지만, 계획을 제대로 실천하는 것이 더 중요해요. 아무리 좋은 계획이라도 실행하지 못하면 아무 소용 없죠. 주객이 전도되지 않도록 주의하세요.

시간 계획을 세울 때 할 일을 너무 많이 집어넣으면 계획대로 실행하기 어려울 뿐만 아니라 계획에 차질이 생겼을 경우 당황하거나 스트레스를 받을 수 있습니다. 약간의 여유를 두고 시간 계획을 세우고, 계획을 실행하면서 잘한 점은 뭔지, 개선할 점은 뭔지 스스로 자주 점검해 자신에게 맞게 수정해나가도록 합니다.

이때 양육자는 "계획대로 왜 실행하지 못하냐?", "계획을 잘못 세운 거 아니냐?" 등의 비난은 삼가고, "계획대로 해보니 어려운 점은 뭐니?", "너는 아침잠이 많으니 무리하게 아침 공부를 하는 것보다는 아침엔 잠을 조금 더 자고 깨어 있는 시간을 좀 더 알차게 쓰는 게 어떨까?", "혹시 내가 도와줄 일은 없니?", "계획한 대로 시간을 보내고 있어서 참 기특하구나" 등과 같이 적절한 시간 관리 방법을 제안하거나, 계속해서 효율적으로 시간 관리를 하도록 칭찬과 격려를 해주세요.

자기 주도적 시간 관리를 통해 아이는 성취감을 느끼고 자기 통제력과 책임감을 기를 수 있습니다. 또한 학업과 휴식을 적절하게 배분함으로써 시간을 효율적으로 사용해 목표를 달성할 수 있고요. 언제 뭘 해야 할지 명확한 계획을 세움으로써 불안과 스트레스를 줄일 수도 있어요.

자기 시간과 일정 정리하기

기간	일정 정리
일 년	1학기, 여름방학, 2학기, 겨울방학으로 나누고 시기별로 할 일과 목표를 정한다. 중간고사, 기말고사 등 시험기간과 수학여행, 체육대회, 현장 체험학습, 명절 연휴 등 상황에 따라 할 일의 우선순위를 결정한다.
한 달	이달에 이뤄야 할 목표를 정하고, 할 일을 각 주에 적절하게 배분한다. 이달의 주요 일정에 맞게 학업과 휴식의 우선순위를 정한다. 월말에는 실천 사항을 평가해 다음 달 계획을 세울 때 반영한다.
일주일	이 주에 이뤄야 할 목표를 정하고, 평일과 주말로 나눠 일정을 정리한다. 일요일에 한 주 계획과 실천한 사항을 점검하고, 다음 주 계획에 이를 반영한다.
하루	오늘 이뤄야 할 목표를 정하고, 할 일을 시간대로 나눠 계획한다. 학업, 휴식, 수면 시간을 생활 습관에 맞게 배분하고 자투리 시간도 잘 활용한다.

공간 정리

자율적 정리 습관이 중요한 청소년기

아동기까지는 자기 방이 있어도 대부분 시간을 거실에서 보내다가 잘 때나 공부할 때만 방에 들어가는 경우가 많습니다. 그런데 청소년기가 되면 계속 방에 있다가 식사 때나 화장실에 갈 때만 밖으로 나오는 경우가 많아집니다.

청소년기의 개인 공간은 공부도 하고, 수면과 휴식도 취하고, 취미 생활도 하는 다목적 공간입니다. 침대, 책상, 옷장 등 필요한 가구도 많고, 책, 문구류, 취미용품, 디지털 기기 등 필요한 물건의 종류와 양도 많습니다. 한정된 공간에 여러 가지를 집어넣어야 하니, 가구를 잘 배치하고 공간을 효율적으로 정리해야 합니다. 그러지 않으면 정신이 산만해 집중하기 어렵고, 편히 쉴 수도 없습니다.

앞서 말했듯 청소년기에는 개인 공간을 매우 중요하게 생각하기 때문에 양육자가 함부로 개입하기보다 아이가 주도적으로 정리해야 합니다. 공간을 깔끔하게 정리하면 집중력이 향상되고, 쾌적하고 편리하게 생활할 수 있으며, 물건을 찾거나 관리하는 시간을 절약할 수 있습니다. 이런 정리의 필요성을 이해시켜 자율적인 정리 습관을 들이도록 유도해야 합니다.

먼저 학업과 휴식이 동시에 이뤄지는 공간이기에 학업 영역과 휴식 영역을 구분하는 것이 좋습니다. 엎드리거나 누워야 공부가 더 잘되는 아이라면 그런 학습법도 인정해줘야겠지만, 대부분은 누우면 공부가 안 되죠. 침대에서 공부하거나, 책상에서 공부하다가 쉽게 침대에 눕지 않도록 책상과 침대를 되도록 멀리 배치하세요. 공간이 여유롭다면 가벽이나 커튼 등으로 영역을 구분하는 것도 좋겠죠.

면학 분위기만 강조하면 오히려 스트레스를 받을 수 있습니다. 취미 활동을 위한 공간이나 아이가 좋아하는 물건을 둘 공간을 만들어주세요. 다만 그런 물건들을 방 여기저기에 두지 말고, 한 곳에 모아 관리할 수 있도록 합니다.

청소년기 아이와 떼려야 뗄 수 없는 물건으로 스마트폰, 태블릿 PC, 충전기, 이어폰 등과 같은 디지털 기기가 있습니다. 양육자로서는 되도록 사용을 막고 싶지만, 디지털 시대에 태어나 디지털 기술 발전과 함께 성장한 아이에게 디지털 기기는 필수품

청소년기 아이들에게 디지털 기기는 필수품입니다.

일 수밖에 없겠죠. 디지털 기기는 여가 활동뿐만 아니라 인터넷 강의, 요점 정리, 정보 검색 등 공부할 때도 필요하니 잘 정리해서 관리할 수 있도록 해주세요.

평소 물건을 쌓아두다가 한꺼번에 정리하려고 하면 시간이 많이 들고 어디서부터 손을 대야 할지 몰라 힘이 많이 듭니다. 그러므로 따로 시간을 내 한꺼번에 정리하는 것이 아니라, 매일 물건을 쓰고 나서 제자리에 두도록 합니다. '적어도 일주일에 한 번은 책상 정리하기', '한 달에 한 번은 옷장 정리하기'와 같이 정기적으로 정리하는 루틴을 만들고요. 물건이 많으면 많을수록 관리하기도 힘들고 보관할 공간도 부족하므로 불필요한 물건은

스트레스 해소를 위한 취미 생활 공간을 마련해주세요.

비우고 꼭 필요한 물건만 남기도록 합니다. 처음부터 물건을 신중하게 구매해 물건 개수를 늘리지 않는 것이 좋겠죠.

아이가 평소에는 가만있다가 이상하게 시험기간만 되면 갑자기 정리를 시작하는 경우가 있습니다. 결과가 명확하게 눈에 보이는 책상 정리를 통해 시험으로 인한 불안한 마음도 깨끗하게 정리하고 싶은 심리 때문입니다. 어수선한 책상에서는 집중이 안 될 테니 공부하기 전에 책상을 정리하는 것도 좋겠죠. 하지만 책상 정리에 너무 많은 시간을 들여 막상 시험공부를 할 시간이 부족해질 수도 있습니다. 이때는 책상 정리와 시험공부 중 우선순위는 시험공부라는 것을 인식시키고, 타이머를 사용해 '15분 안에 정리하기'처럼 짧고 간단하게 책상 정리를 마치고 공부를 시작할 수 있도록 도와주세요.

청소년기 아이의 방은 한정된 개인 공간에서 다양한 활동을 해야 하는 만큼 쉽게 어질러질 수 있습니다. 본인이 관리할 수 있는 만큼만 소유하고, 모든 물건에 자리를 만들어줘 사용하면 바로 제자리에 두게 합니다. 학업, 휴식, 취미 등 각 목적에 맞게 영역을 정해 되도록 같은 종류끼리 한곳에 모아 관리하고, 정기적으로 정리해 시간과 에너지 낭비를 줄이도록 하고요. 무엇보다 정리의 필요성을 깨닫고, 자기 주도적 정리 습관으로 공간을 효율적이고 쾌적하게 쓸 수 있게 도와주세요.

공부방 인테리어

1 **소음과 과도한 햇빛은 피할 수 있도록**

공부방은 자연광이 들어오는 창이 있는 곳이 좋습니다. 하지만 강한 빛은 오히려 눈을 피로하게 만들므로, 햇빛이 강한 남쪽 방이라면 커튼을 달아 빛을 조절할 수 있도록 합니다. 커튼은 소음을 차단하는 데도 도움이 됩니다. 조명은 밝고 자연스러운 것으로 고릅니다. 어두운 조명은 졸음을 부르고 집중력을 떨어뜨릴 수 있습니다.

2 **집중력을 높이는 차분한 파스텔톤으로**

지나치게 자극적인 색상이나 화려한 무늬는 집중력을 떨어뜨립니다. 공부방은 집중력을 높일 수 있는 차분한 파스텔톤이나 연녹색 계열, 파란색 계열 색상을 사용하는 것이 좋습니다.

3 **청소와 정리수납으로 깔끔하고 청결하게**

방이 어질러져 있고 지저분하면 집중하기 어렵고 건강에도 좋지 않습니다. 필요한 물건만 두고 깔끔하게 청소하고 정리해 청결한 상황에서 학습할 수 있도록 합니다.

4 아로마 오일로 좋은 향기를

좋지 않은 냄새가 날 수 있는 쓰레기나 빨랫거리는 바로바로 치웁니다. 마음을 안정시켜주고 집중력을 높일 수 있는 아로마 오일로 방에서 좋은 향기가 나게 하면 좋습니다.

5 좋은 글귀, 좋아하는 사진과 그림 등으로 긍정 에너지를

동기를 부여해주는 목표나 글귀를 벽에 붙이는 것도 좋습니다. 좋아하는 사진과 그림도 긍정적 에너지를 줍니다. 다만 너무 많이 걸어두는 것은 어수선하므로 피해주세요.

6 공기정화식물로 생기를

녹색식물을 방에 두면 생기를 더해주고 긴장감 완화에 도움이 됩니다. 너무 크지 않은 스투키, 선인장, 싱고니움, 스킨답서스 등의 공기정화식물로 실내 유해 공기도 정화하고, 신선한 기운을 더해주세요.

Q&A

Q 정리수납에 집착하는 아이, 어떻게 하면 좋을까요?

A 정리수납을 너무 하지 않아도 걱정이지만, 지나치게 집착한 나머지 정리수납에 많은 시간을 쓰는 것도 걱정스럽죠.

정리수납에 집착하는 행동은 대부분 심리적인 데 원인이 있습니다. 자신이 통제할 수 없는 상황에 대한 불안을 자신이 통제할 수 있는 물건이나 공간을 정리함으로써 다스리고 싶은 것이죠. 시험 전 책상 정리를 하고 싶다든가, 중요한 발표를 앞두고 옷장 정리를 하고 싶다든가 하는 마음은 누구나 어느 정도 갖고 있습니다.

하지만 정리수납이 지나쳐 일상생활에 지장이 있거나 가족과 다른 사람에게 불편을 끼친다면 문제가 되겠죠. 아이가 물건이 제자리에 놓이지 않으면 많이 불안해한다든지, 물건을 지나치게 색깔이나 크기로 분류해 정리한다든지, 물건이 조금이라도 비뚤어져 있으면 그것을 바로잡고 나서야 다른 일을 할 수 있다면, 이를 지적하거나 하지 못하게 막기 전에 우선 아이의 마음 상태를 파악하세요. 언제부터 왜 그런 행동을 하게 됐는지, 그즈음 아이에게 어떤 일이 일어났는지 살펴보고 무엇에 불안해하는지 그 원인을 알아내야 해요. 특별한 일이 없었다면 혹 아이가 부모나 누군가에게 강한 통제를 받고 있는지, 아이의 욕구가 제대로 해소되지 못하고 있는지 다방면으로 살펴봐야 합니다.

아이의 불안 요소가 뭔지 파악했다면, 그 불안 요소를 제거해주세요. 불안 요소가 없어지면 아이의 정리수납에 대한 집착은 자연스럽게 사라질 것입니다. 곧바로 그 집착이 사라지는 것은 아니고, 시간이 좀 걸릴 수 있습니다. 그동안은 정리수납을 해야 아이의 마음이 편해진다면 그 행동을 그대로 이해하고 인정해줘야 합니다. "정리할 시간에 공부나 해라", "너무 정리하는 것도 병이다", "그게 뭐가 그렇게 중요하냐?"와 같은 말은 아이에게 상처만 줄 뿐입니다.

다만 정리수납을 완벽하게 하지 않아도 괜찮다고 느끼도록 도와주세요. 몇 시간째 물건이 비뚤게 놓여 있어도 아무 일도 일어나지 않고 괜찮다는 것, 너무 어질러져 있지 않고 청소된 상태라면 크게 불편하지 않다고 말해주고 실제로 어떤 일도 일어나지 않는다는 것을 경험해보도록 합니다.

아이가 관심 있는 다른 활동에 참여하도록 유도해 정리수납에 신경 쓰지 않도록 하는 것도 좋습니다. 심리적 불안으로 인해 나타나는 행동이므로, 가족이 아이를 안아주는 등 애정 표현을 자주 해주세요. 그로 인해 아이가 안정감과 사랑받고 있음을 느끼고, 스트레스 수치를 낮추고 마음의 불안을 덜어낼 수 있도록요.

아이도 자신의 마음 상태를 들여다보고, 그 불안을 다스리고 이겨내려고 노력해야 합니다. 혼자서 힘들면 가족이나 선생님께 도움을 요청할 수 있게 주변에서 함께 노력해주세요. 정리수납에 대한 집착이 누가 봐도 심각한 수준이라면 전문 심리상담가를 찾아가 도움을 받는 것이 좋습니다. 정리수납에 집착하게 만드는 불안의 원인을 찾아 달래주면 문제 행동을 해결할 수 있을 것입니다.

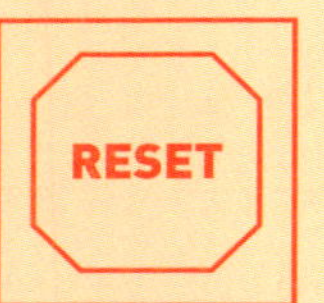
RESET

5장

실용성과 효율성 중심의 정리, 청년기

청년기는 대학 진학이나 취업 등 사회 활동이 본격적으로 활발해지는 시기로, 이 책에서는 19세에서 29세에 이르는 기간을 뜻합니다.
사회적 · 법적으로 성인으로 인정받는 시기로 운전면허 취득, 술·담배 구매, 클럽과 주류 제공 업소 출입, 투표권 행사, 성인용 콘텐츠 이용, 대출 신청 등이 가능합니다. 숙박 시설 투숙, 은행 계좌 개설, 휴대전화 개설, 보험 가입, 혼인 등을 할 때 더 이상 보호자의 동의가 필요 없습니다. 근로계약을 할 수 있고, 청소년에게 적용되는 근로 시간과 같은 제약이 완화됩니다.
병역, 세금 납부, 성숙한 사회적 행동 등 의무와 책임도 늘어납니다. 법을 지키지 않을 경우, 소년법이 아닌 형법을 적용받습니다.
본인의 의사로 가능한 일이 늘어나 좋기도 하지만, 스스로 선택하고 책임질 일이 많아 부담스럽기도 합니다. 예를 들어 고등학교 때까지는 정해진 시간에 등교하고, 1교시부터 마지막 수업까지 수업 시간표가 정해져 있고, 또 정해진 시간에 하교합니다. 이렇게 정해진 시간표대로 생활하는 것이 답답하고 통제받는다고 느끼다가, 갑자기 마음대로 할 수 있는 시간이 많이 주어지기에 생활이 자유로우며 여유롭다고 느낄 수 있습니다.
그러나 대학에 진학하면 고등학교와 달리 직접 수강 과목을 선택하고 시간표를 짜야 합니다. 하나부터 열까지 직접 선택하고 결정해야 하는 일이 많아지면서 뭐가 최선일지 고려하느라 피로하죠. 차라리

이전처럼 누가 대신 결정해주기를 바라는 마음이 생길 수도 있습니다. 또한 시간이 많은 것 같지만, 사회 활동이 활발해지는 시기인 만큼 해야 할 일도 많아 계획을 제대로 세우고 실행하지 않으면 시간에 쫓기기 쉽습니다.

따라서 청년기에는 분명한 자기 기준을 세우고, 실용성과 효율성을 중심으로 시간과 공간을 정리해야 합니다. 스스로 선택하고 결정해야 하는 일이 많아진 만큼 그 과정에서 시행착오를 겪는 것은 아주 당연합니다. 이 시행착오의 과정을 통해 자기 기준을 확립해나간다면, 결정하는 데 드는 시간을 줄이고 후회가 남지 않는 선택을 할 수 있을 것입니다.

자신만의 정리 기준 확립이 중요한 청년기

앞서 설명했듯 이전에는 본인의 의견과 함께 양육자의 의견도 많이 반영되거나 양육자의 동의가 꼭 필요한 일이 많았다면, 청년기에는 본인의 의견만으로 의사를 결정할 수 있습니다. 이것은 두 가지 상반된 마음을 가지게 합니다. 스스로 선택할 수 있다는 것에 자유를 느끼면서도 그 선택으로 인한 책임 또한 자신에게 있어 부담스럽죠. 양육자에게서 경제적·정서적으로 독립하고 싶지만 힘든 결정이나 선택을 할 때는 아직 도움받고 의존하고 싶은, 양가적 감정을 가지는 시기가 청년기입니다. 결정의 결과에 대한 책임을 양육자에게 전가하고 싶은 마음에, 청년기에도 자신이 원하는 선택이 아닌 양육자가 원하는 선택을 하는 경우가 있습니다.

또한 청년기에는 생활 반경이 늘어납니다. 고등학교 때까지는 대부분 자신이 사는 지역을 중심으로 생활했다면, 청년기에는 대학 진학과 취업 등으로 다른 지역까지로 생활 반경이 확장됩니다. 생활 반경만큼 인간관계 역시 넓어져, 학교 친구 외에 다양한 사람을 만날 기회가 많아집니다. 특히 SNS 활동이 활발한 경우, 다양한 사람을 쉽게 만나고, 많은 의견을 듣습니다. 그래서 유행에 민감해지고, 다른 사람의 눈을 의식하거나 자신을 다른 사람과 비교하기 쉽습니다. 이런 상황에서 자기만의 기준이 없다면, 다른 사람을 따라 하거나 주변 분위기나 다른 사람의 의견에 휩쓸려 의사를 결정해버릴 수 있습니다.

자신의 문제를 여전히 양육자의 선택에 맡기거나, 주변에 휩쓸려 결정하거나, 다른 사람의 선택을 따라 하는 것은 바람직하지 않습니다. 잘못된 선택일 경우가 많고, 결과적으로 후회할 것입니다. 결국 모든 선택의 책임은 자신에게 있습니다. 다른 사람의 의견이나 밀려드는 정보, 빠르게 변하는 유행에 휩쓸리지 않고 자신에게 맞는 선택을 하기 위해서는 자기만의 기준이 확립돼 있어야 합니다.

정리에서도 청년기는 자신만의 정리 기준 확립이 중요한 시기입니다. 물론 청소년기에도 자기 주도적인 정리가 이뤄지지만, 청년기에는 이미 세운 정리 기준 외에 새로운 기준이 추가로 필요해질 수 있습니다. 자신의 취향, 상황, 실용성, 효율성 등을

청년기에는 사회적 활동이 활발해집니다.

고려한 기준을 세워 자기 주도적으로 정리해야 합니다. 더불어 상황에 따라 조금씩 바뀌기는 하겠지만, 이때 확립된 정리 기준은 청년기 이후인 중장년기, 노년기로 이어집니다.

청소년기에 시간과 공간을 자기 주도적으로 관리하기 위해 자신의 생활 습관이나 취향을 먼저 이해했던 것처럼, 청년기에도 자신을 먼저 이해해야 합니다. 자신이 여러 가지 일에 관심을 갖고 취미 생활을 즐기는 사람인지, 물건을 소유하고 관리하는 것을 피곤해하는 사람인지, 몸을 부지런히 움직이는 사람인지, 정적인 활동을 좋아하고 홀로 휴식을 즐기는 사람인지 등 자신의 성향, 취향, 생활 습관을 먼저 파악해보세요.

아직 자신을 잘 모르겠다면, 다양한 경험을 해보는 것이 좋습니다. 여러 가지 일을 시도해봄으로써 자신이 뭘 좋아하고 뭘 싫어하는지, 자신에게 뭐가 맞고 뭐가 안 맞는지 하나씩 파악해나가세요.

또는 SNS에서 자신이 좋아하는 물건으로 가득한 다른 사람의 방을 찾아보고, 그 방이 좋아 보이고 부러운지, 아니면 오히려 답답하고 혼잡스러워 보이는지 생각합니다. 혹은 침대만 놓인 방을 봤을 때 편안하고 자기 방도 이렇게 하고 싶다는 생각이 드는지, 아니면 너무 허전한 느낌이 드는지도 생각해봅니다. 이처럼 꼭 직접 시도해보지 않고도 자신의 취향을 파악할 방법은 많습니다.

심리검사로 자신의 성향을 파악할 수도 있습니다. 특히 MBTI는 자기 보고식 성격유형 검사로 검사가 간편하며, 결과가 알기 쉽고 명확하고, 자신과 타인을 이해하는 데 도움이 됩니다. 학교, 직장, 군대 등에서도 널리 활용되며 개인도 공부법, 취미 생활 선택법, 인간관계법 등을 알아볼 때 도움을 받을 수 있습니다.

당연히 정리법도 자신의 MBTI 유형에 맞출 수 있습니다. 다만 MBTI 검사 결과는 참고만 하세요. 성격을 어느 한 유형으로 단정할 수 없고, MBTI 검사 결과가 항상 같지 않을 수도 있습니

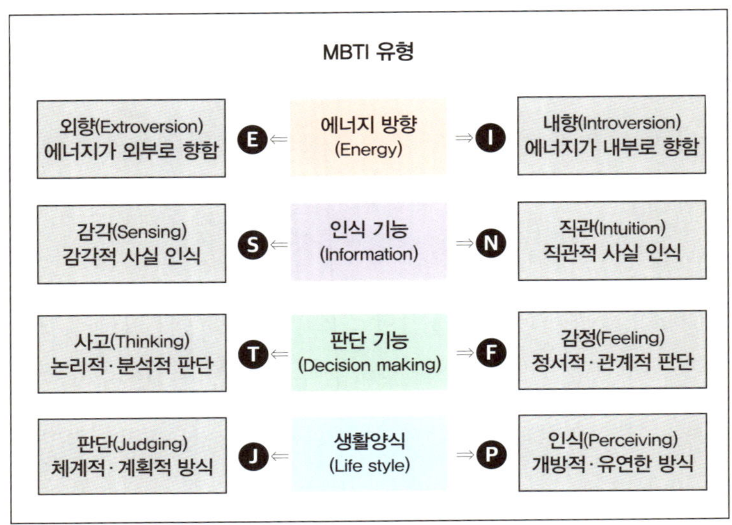

다. 함부로 맹신하거나 MBTI 검사 결과로 자신과 다른 사람을 쉽게 규정짓지 않도록 주의해야 합니다.

여러 방법을 통해 자신을 파악했다면 그에 맞는 정리 기준을 세웁니다. 다양한 외부 활동이나 활동적인 취미 생활을 즐긴다면, 그에 따른 시간이 좀 더 필요하고 물건도 늘어날 것입니다. 예를 들어 자전거, 낚시, 악기 연주 등의 취미 생활을 즐기며 동호회 활동을 한다면, 이 취미 생활에 필요한 여러 장비를 사서 보관하며 모임에 가기 위해 따로 시간을 내야 합니다.

매우 정적인 취미 생활이라 하더라도 뭔가를 만들거나 수집하는 것이라면 역시 관련 물건이 많아집니다. 예를 들어 도예, 뜨

개질, 그림 등의 취미 생활은 취미 활동에 물건이 필요할 뿐만 아니라 그 활동으로 인한 결과물이 생깁니다. 피규어, 우표, 문구, 플라모델, 동전, 그릇, 술 등을 수집하는 것이 취미라면 계속해서 수집품이 늘어날 것입니다. 수집하는 취미가 아니더라도 패션에 관심이 많다면 옷, 신발, 액세서리, 화장품 등이 많아지고 독서가 취미라면 책이 계속 늘어나겠죠.

이런 상황에서 시간과 공간을 어떻게 효율적으로 사용할지 본인의 기준을 세워 점검해봅니다. 자신이 이런 활동을 정말 즐기는지, 유행에 휩쓸려 시작하지는 않았는지, 시간과 공간은 부족하지 않은지, 경제적으로 감당은 되는지, 관리하는 데 너무 많은 에너지를 쏟지 않는지 생각하는 거죠.

점검 결과, 자신과 맞지 않는 활동이 있다면 그만두고, 관련 물건은 비웁니다. 자신에게 맞는 취향과 취미 생활은 이어가되, 즐기고자 시작한 활동이 오히려 부담스러워지지 않도록 살핍니다. 물건이 일정 수준 이상으로 늘어나면 더 이상 늘리지 않는다든지, 시간을 과도하게 사용하지 않도록 모임에 나가는 횟수를 정해놓는다든지, 도자기, 뜨개 가방, 그림 등 자신이 만든 결과물을 필요한 사람에게 선물한다든지, 효율적으로 정리할 방법을 적용해 실천합니다.

물건 수집에 관심이 없거나 물건을 소유하고 나머지는 관리

취미 생활은 이어가되 효율적으로 정리할 방법을 찾고 실천합니다.

하는 데 피곤함을 느낀다면 꼭 필요한 물건만 남기고 나머지는 정리함으로써 물건을 관리하는 데 쓰는 에너지를 줄이세요. 유행의 영향을 받거나 주변 권유로 자신은 관심도 없는 불필요한 물건을 사거나, 그런 물건이 집에 쌓이지 않도록 주의합니다. 자신을 이해하고 생활을 점검해 자신의 성향과 필요에 맞는 정리 기준을 정하고, 알맞은 정리 습관을 들인다면 보다 실용적이고 효율적인 정리를 할 수 있을 것입니다.

MBTI와 정리의 상관관계

E(외향형)	I(내향형)
• 눈에 보이는 공간 선호: 개방형 수납이 좋다. 물건을 눈에 잘 보이는 곳에 두고, 불필요한 물건을 비운다. • 완벽한 정리보다 빠른 정리 선호: 정리를 놀이처럼 하거나 누군가와 함께 하면 좋다.	• 눈에 보이지 않는 수납 선호: 서랍, 상자 등을 활용해 보이지 않게 수납하면 좋다. • 즉흥적인 정리보다 계획적이고 차분한 정리 선호: 정리 전 물건을 분류하고 혼자서 정리하면 좋다.
S(감각형)	**N(직관형)**
• 현실적이고 실용적인 방식 선호. • 공간을 최대한 활용하는 것을 중시: 공간 활용을 극대화하기 위한 수납 도구를 활용하는 것이 좋다.	• 감성적이고 창의적인 방식 선호. • 공간에 정서를 담아 꾸미는 것을 중시: 자신만의 창의적인 수납 도구를 활용하는 것이 좋다.
T(사고형)	**F(감정형)**
• 논리적으로 설명할 수 있는 것 선호: 논리적으로 필요성을 설명할 수 있는 것만 남기고 정리하면 좋다. • 과정보다는 결과에 초점: 깔끔하게 정리된 상태를 만드는 데 집중하는 것이 좋다.	• 보기 좋은 감성적인 요소를 살리는 것을 선호: 자칫 복잡해지지 않도록 공간을 단순하게 유지하는 것이 좋다. • 과정도 중요하게 생각: 정리 과정에도 의미를 부여하는 것이 좋다.
J(판단형)	**P(인식형)**
• 계획적 관리 방식 선호: 한 달, 일주일 등 정기적으로 정리하고, 공간별 정리 계획을 세우면 좋다.	• 계획적 관리 방식 불호: 시간을 내 따로 정리하기보다 평소에 자연스럽게 정리하는 습관을 들이면 좋다.

청년기, 시간 정리는 이렇게!

청소년기에는 학교와 학원 등에서 공부하는 시간이 가장 많았습니다. 그에 비해 청년기는 언뜻 자유롭게 보낼 수 있는 시간이 많아 보입니다. 그러나 대학 진학과 취업 등으로 사회 활동이 활발하고, 할 일이 많은 만큼 생각보다 자유 시간이 많지 않습니다. 게다가 생활권도 청소년기까지는 거주지 근처였다면, 청년기에는 대학과 직장이 있는 곳이나 그 밖의 지역으로 좀 더 확대돼 이동 시간이 늘어나죠.

달라진 여건에 맞춰 효율적으로 생활하려면 시간 계획을 어떻게 세워야 할까요?

무엇보다 자기 기준이 필요합니다. 하나부터 열까지 선택해야 하는 일이 많아지기 때문입니다. 시간을 알차고 효율적으로 보내고 싶지만 어떻게 해야 하는지, 뭐부터 해야 하는지 막막할지

장기적인 목표가 있다면 시간 관리의 기준을 세우기가 수월해집니다.

도 모릅니다. 자기 주도적 시간 관리 습관이 없다면 이전처럼 차라리 누가 대신 시간표를 짜주거나 할 일을 정해주면 좋겠다고 생각할 수도 있습니다. 그러나 청년기는 부모에게서 경제적·정서적 자립을 하거나 자립을 준비하는 시기로 시간 관리도 스스로 해야 합니다. 아동기, 청소년기를 거치며 자기 주도적으로 시간 관리를 하는 습관을 들였다 해도 상황이 달라졌으므로 새로운 시간 관리 기준이 필요할지도 모릅니다.

먼저 장기적인 목표를 세워보세요. 진학, 취업, 결혼 등 진로를 준비하는 시기이기도 한 만큼 청년기를 어떻게 보내느냐에 따라 개인의 성장과 발전, 미래가 달라질 수 있습니다. 달성하고자 하는 장기적인 목표가 있다면 어디로 가야 하는지 방향을 정할 수 있고, 이를 위해 할 일이 생기며, 시간 관리의 기준을 세우기가 보다 수월해집니다.

장기적인 목표가 없다면, 자신을 이해하는 데서 시작합니다. 인생을 통틀어 달성하고 싶은 것은 뭔지, 어떤 사람이 되고 싶은지, 어떤 미래를 꿈꾸는지 생각해봅니다.

장기적인 목표를 세웠다면 그에 따른 세부 목표를 세웁니다. 장기적 목표는 '동시통역사 되기'처럼 포괄적이어도 되지만, 세부 목표는 '영어 공부하기'처럼 모호하면 달성하기 어렵습니다. '일주일에 한 번씩 아카데미 시상식 영상 보며 동시통역하기'처럼 기간이 명확하고, 성과를 측정할 수 있도록 구체적으로 세웁니다. 그다음에는 세부 목표에 따라 할 일 목록을 작성해 우선순위를 정하고 배분합니다.

이 모든 계획은 실천했을 때 의미가 있습니다. 계획대로 해보고 할 일에 비해 시간이 부족하다면 중요하지 않은 일에 낭비하고 있는 시간은 없는지, 많아진 이동 시간을 활용할 방법은 없는지, 집중력 문제는 아닌지 점검해봅니다. 월간, 주간, 일간, 시간별 계획을 세우고, 실천한 일을 기록하는 다이어리나 일정 기록

다이어리의 도움을 받아 시간 관리를 해보세요.

앱을 사용하면 계획과 실천 사항을 보다 체계적으로 관리할 수 있습니다.

디지털 기기나 SNS 활동은 집중력을 떨어뜨립니다. 휴식 시간에 잠깐 스마트폰을 들었는데, 유튜브를 시청하거나 게임을 하다가 시간이 훌쩍 지나가버린 경험이 있을 것입니다. 또 집중 시간에 디지털 기기에서 울리는 여러 가지 알림으로 흐름이 깨지는 경우도 많습니다. 청소년기까지는 선생님이나 부모님이 디지털 기기 사용을 통제해주지만, 청년기에는 도와줄 사람도 없어서 스스로 조심하지 않으면 게임, 유튜브 시청, SNS 활동 등에 많은 시간을 허비하고, 수면과 집중까지 방해받을 수 있습니다.

스스로 사용 시간을 점검하고, 집중력을 방해하는 요소를 제거하도록 노력하세요.

그렇다고 일분일초도 쉴 틈 없이 바쁘게 살아야 한다는 것은 아닙니다. 시간을 허비하지 않고 중요한 일에 시간과 에너지를 집중해야 한다는 의미입니다. 각자 인생의 장기 목표는 다르겠지만, 궁극적으로는 행복하고 의미 있게 살고자 할 것입니다. 대인관계, 휴식, 취미, 봉사 등을 위한 시간도 적절히 배분해 다양한 경험을 하며 즐거운 시간을 보내세요.

이런 시간은 스트레스를 관리하는 데도 도움이 됩니다. 청년기에는 본격적인 사회 활동으로 인해 생활이 크게 달라지고, 진로에 대한 고민과 불안, 다양한 인간관계 등으로 인한 스트레스 또한 많습니다. 좋아하는 사람을 만나 시간을 보낸다든지, 혼자만의 시간을 가진다든지, 취미 활동을 하거나 모임에 나간다든지, 봉사를 통해 보람을 느낀다든지, 이렇게 지친 몸과 마음을 충전하고 생활에 활력을 불어넣어 스트레스를 줄입니다.

기숙사에 들어가거나 자취를 할 경우, 식사 준비, 설거지, 빨래, 청소 같은 집안일을 하는 시간도 필요해집니다. 부모님과 함께 살더라도 자기 방 청소를 하거나, 식사 준비와 설거지를 함께하는 등 성별 구분 없이 가족구성원으로서 한 사람 몫을 해내야겠죠.

건강관리를 위한 시간도 필요합니다. 청소년기까지는 양육자가 식사, 건강식품, 영양제 등을 챙겨줬을 것입니다. 그런데 청년기에는 외부 활동이 많아 집보다 밖에서 식사하는 경우가 많고, 체력이 가장 좋은 시기다 보니 아무래도 건강에 소홀하기 쉽습니다. 하지만 성인인 만큼 스스로 돌볼 줄 알아야 합니다. 체력이 뒷받침되지 않으면 목표한 일을 제대로 해낼 수 없습니다. 건강에 좋은 음식을 먹고, 수면 시간을 충분히 확보하세요. 규칙적인 운동 시간도 갖고요.

청년기에는 장기적인 목표를 세우고, 그에 따른 할 일을 우선순위를 정해 실천하면 시간을 효율적으로 사용할 수 있습니다. 청년기의 시간은 미래를 위한 중요한 자원임을 잊지 말고 학업, 업무, 대인관계 활동, 개인 생활, 건강관리를 위한 시간을 균형 있게 배분해 다양한 경험과 활동을 하도록 합니다. 이렇게 꾸준히 시간 관리를 해 좋은 자기 관리 습관으로 들이면 한층 성장하고 자기 발전을 이룰 수 있을 것입니다.

청년기를 후회 없이 보내기 위한 할 일 리스트

1 **다양한 경험 쌓기**

청년기는 진학, 취업, 결혼 등 진로에 대한 걱정이 많은 시기이기도 하지만, 새로운 경험을 많이 해볼 수 있는 가장 좋은 시기이기도 합니다. 새롭고 다양한 경험은 자신의 성향과 취향을 파악하고, 진로를 결정하고 취업을 하는 데 도움이 됩니다.

2 **독서와 자격증 따기**

청소년기까지는 입시를 위한 공부에 집중했다면, 청년기부터는 좋아하거나 필요한 공부를 해보세요. 진로에 필요한 공부로 기반을 쌓을 수도 있고, 다양한 분야의 독서를 통해 폭넓고 깊이 있는 지식을 쌓을 수도 있습니다.

청년기의 자격증 취득은 경쟁의 결과라기보다 자신을 증명하고 성장시키는 도전의 기록입니다. 자격증을 준비하는 시간이 자신을 정리하고 미래를 설계하는 가장 생산적인 자기 경영 시간이 될 수 있습니다.

3 **좋은 인간관계 맺기**

다양한 인간관계를 맺으며 사회성을 키워보세요. 다른 사람을 이해하고 배려하며 좋은 관계를 유지하는 법을 배우고, 평생의 반려자를 찾을 수도 있습니다.

4 건강관리하기

건강하지 않으면 그 무엇도 할 수 없습니다. 젊다는 이유로 건강관리에 소홀하기 쉽지만, 건강은 건강할 때 지켜야 하는 법입니다. 규칙적인 생활 습관으로 건강관리에 각별하게 신경 쓰세요.

5 경제적 기반 마련하기

양육자에게서 경제적으로 완벽하게 독립하기는 아직 어려울지도 몰라요. 하지만 경제활동을 시작함으로써 경제적 기반을 마련하고, 경제 감각을 키울 수는 있습니다. 경제 서적을 읽고, 경제 뉴스에 관심을 기울이고, 아르바이트나 인턴 등 경제활동으로 양육자에게서 경제적으로 차차 독립할 수 있도록 노력해야 합니다. 저축도 하고, 합리적 구매와 절약 습관을 들입니다. 투자 활동도 신중하게 고려해보세요.

자신에게 효율적으로 정리하기

청년기에는 본격적으로 공간을 자기 취향으로 꾸미기 시작합니다. 특히 대학 진학이나 취업 등으로 기숙사 생활이나 자취를 시작할 경우, 양육자에게서 완전히 독립된 자기만의 공간이 생깁니다. 평소 꿈꿔왔던 공간으로 꾸미고 싶어 비우기보다는 가구나 인테리어 소품, 생활용품을 사서 채우기 바쁜 경우가 많습니다. 취미 생활이나 관심 분야 물건이 늘어날 수도 있고요.

하지만 청년기의 독립 공간은 그리 크지 않은 경우가 대부분입니다. 양육자와 함께 산다면 자기 방 하나 정도고, 다인실 기숙사에 산다면 책상, 침대 정도겠죠. 자취한다고 해도 원룸 형태의 작은 공간일 경우가 많습니다. 이런 상황에서 물건의 종류와 수가 많아지면 결국 공간을 제대로 활용할 수 없고, 정리하고 관리하는 데 많은 시간과 힘이 듭니다. 바빠서 제대로 정리하지 못하면 어수선해져 편히 휴식을 취할 수 없습니다.

따라서 공간을 채우고 꾸미는 데 급급하기보다 자신이 관리할 수 있을 만큼만 물건을 남겨 넓고 편하게 생활하고, 정리 시간도 절약하는 것이 좋아요.

먼저 갖고 있는 물건을 정리합니다. 아동기, 청소년기를 거치며 쌓인 물건이 적지 않을 것입니다. 미처 정리하지 못한 물건을 다 꺼내 남길 것과 버릴 것을 구분합니다. 더 이상 보지 않는 책, 작아지거나 취향이 달라져 안 입는 옷이나 신발, 학창 시절 문제집과 프린트물, 필요 없는 장난감과 문구류 등은 버려야겠죠. 또 일 년 이상 쓰지 않은 물건은 정리하는 것이 좋습니다.

쓰지 않지만 추억이나 의미가 있거나, 나중에 필요할 것 같은 물건이 있다면 사진을 찍어 보관하세요. 어린 시절 그리거나 만든 것, 학창 시절 받은 메달이나 상장, 트로피, 태어나서 처음 신은 신발, 친구와 주고받은 편지 등 추억으로 간직하고 싶은 물건은 사진을 찍어두면, 따로 공간을 차지하지도 않고 필요할 때 언제든 꺼내 볼 수 있습니다. 물론 아주 소중한 물건이라면 간직해야겠죠. 다만 그런 물건이 너무 많지 않은지 한번 생각해보세요. 버리지 못하는 것은 꼭 필요해서가 아니라, 없으면 불안해서인 경우가 많습니다.

물건을 비우는 것만큼 중요한 것이 물건을 신중하게 들이는

아동기, 청소년기를 거치며 쌓인 물건을 정리하세요.

것입니다. 아무리 다 비워도 다시 채워 넣는다면 의미가 없겠죠. 시간과 공간을 낭비하고, 경제적으로도 손해입니다. 집에 있는데 또 사지는 않는지, 남들이 사니까 덩달아 사는 것은 아닌지, 내게 꼭 필요한지, 가진 물건으로 대체할 수는 없는지, 필요 없는데 무료라고 마구 받아서 쌓아두지는 않는지 잘 생각해봐야 합니다.

꼭 필요한 물건만 남았다면, 이제는 물건을 쓰고 관리하기 편하게 잘 정리합니다. 뭐가 얼마나 있는지 파악할 수 있도록 종류가 같은 것끼리 보관합니다. 예를 들어 여름옷은 여름옷끼리, 겨울옷은 겨울옷끼리 정리한다든지, 계절에 상관없이 상의와 하의로 나눠 정리한다든지, 각자의 기준에 맞게 정리합니다. 사용 빈도에 따라 자주 쓰는 것은 꺼내기 쉽고 사용하기 편한 곳에, 가끔 쓰는 것은 보이지 않는 서랍이나 수납 공간 안쪽에 보관합니다. 바구니 같은 수납 도구를 사용해 종류가 같은 물건을 담고, 라벨링을 하면 찾기도 쉽고 보관하기도 쉽습니다.

정리된 상태를 유지하는 것도 중요합니다. 다이어트를 열심히 해서 살을 뺀 뒤에도 그 몸무게를 유지하려면 계속 관리해야 하는 것처럼요. 정리 후 꾸준히 관리하지 않으면 우리 집, 내 공간도 요요 현상이 생길 수 있습니다. 사용한 물건은 항상 제자리에 두고, 더 이상 필요 없는 물건은 비우세요.

내 물건은 내가 정리해야 찾아 쓰기 편합니다.

그렇다고 정리된 상태를 유지하기 위해 사람이 불편해지면 안 됩니다. 예를 들어 그릇들을 예쁘게 정리했는데 꺼내기 불편해 쓰지 않는다든지, 소파 패드를 흩트리지 않으려고 바닥에 앉는 것은 주객이 전도된 상황입니다. 물건을 쓰기 불편하다면 어떻게 정리하면 편해질지 생각하고 다시 배치하세요.

누군가 대신 깔끔하게 정리해줬다 해도 결국 그 물건을 쓰는 것은 자신입니다. 내 공간과 물건은 내가 정리해야 어디에 있는지 찾기도 쉽고, 쓰기도 편합니다. 공간과 물건을 정리할 때 모든 기준은 나 자신임을 잊지 마세요.

눈에 보이는 공간뿐만 아니라 디지털 공간도 정리해야겠죠. 디지털 기기를 쓰는 시간이 많은 만큼 디지털 공간도 현실 공간만큼 중요합니다. 휴대전화, 컴퓨터 등에 저장된 불필요한 파일이나 앱, 연락처 등을 주기적으로 삭제하고 정리함으로써 저장 공간을 확보해, 실용적이고 효율적으로 사용할 수 있도록 합니다.

디지털 공간 정리하기

1 휴대전화의 사진 파일 정리하기

청년기에는 SNS에 올릴 인증 사진을 많이 찍습니다. 만족스러운 사진을 얻기 위해 같은 장소에서도 여러 장을 찍는 경우가 많죠. 영상도 많이 남기는데요. 이런 사진이나 영상을 다시 보는 경우는 많지 않습니다. 너무 많이 저장돼 있으면 필요할 때 찾기도 쉽지 않고요. 모아두면 저장 공간도 많이 차지하니 불필요한 휴대전화 속 사진 파일은 정리하세요. 일주일 동안 찍은 사진을 일요일에 정리한다든지, 한 달 동안 찍은 사진을 매달 말일에 정리하는 등 주기를 정해두면 편합니다.

2 전화번호, 인간관계 정리하기

청년기에는 사람을 만날 기회가 많아집니다. 여러 사람을 만나고 인간관계를 쌓아가는 것은 좋지만, 모든 사람과 잘 지내기는 어렵겠죠. 인간관계를 관리하느라 시간과 힘을 많이 들여야 한다면 지치고 마음의 상처를 받을 수도 있어요. 소수라도 좋은 인간관계를 맺는 것에 집중해보세요. 휴대전화 연락처나 SNS 친구 목록을 살피며 내게 부정적인 영향을 끼치는 사람, 몇 년 동안 연락하지 않은 사람, 관계를 이어갈 이유가 없는 사람은 정리합니다.

3 불필요한 앱 정리하기

스마트폰을 보면 잘 쓰지 않는 앱이 많습니다. 앱이 많으면 우선 화면이 복잡하고, 필요한 앱을 찾는 데 방해가 됩니다. 속도도 느려지고 저장 공간도 부족해지고요. 불필요한 앱은 삭제해 속도와 저장 공간을 확보하세요.

4 이메일, 문자메시지 정리하기

메일함이 가득 차 있으면 중요한 메일을 놓칠 수도 있고, 피로감도 느껴집니다. 읽지 않는 뉴스레터나 광고는 구독을 취소합니다. 스팸메일이 자주 온다면 필터를 강화합니다. 불필요한 메일은 읽고 바로 삭제하거나 주기적으로 정리해 새로운 메일이 왔을 때 빠르게 대처할 수 있도록 합니다. 휴대전화의 문자메시지나 SNS의 DM도 같은 방식으로 삭제합니다.

5 컴퓨터 정리하기

사용하지 않는 파일, 중복된 파일, 오래된 파일을 삭제하면 저장 공간도 늘어나고 컴퓨터 속도도 빨라집니다. 파일명은 날짜와 간단한 설명으로 저장해, 파일을 일일이 열어보지 않아도 무슨 내용인지 쉽게 알 수 있도록 합니다. 카테고리별로 폴더를 만들어 파일을 저장하면 관리하기 쉽습니다. 중요한 파일은 실수로 삭제하지 않도록 백업해둡니다.

Q&A

Q 물건을 알뜰하게 재활용하는 좋은 방법이 없을까요?

A 불필요한 물건은 비우는 것이 좋지만, 필요 없어진 물건을 필요한 물건으로 재활용하면 자원을 절약할 수 있고 환경에도 좋습니다. 버리려는 물건이 있다면 혹시 다른 용도로 쓸 수 없을지 생각해봅시다.

튼튼한 플라스틱 상자가 있다면 수납함 대신 쓰면 좋겠죠. 쇼핑백은 윗부분을 안으로 접어 넣으면 가방이나 두꺼운 니트를 보관하는 수납 도구가 됩니다. 원형 수저통은 연필꽂이로 쓸 수 있습니다. 쓰지 않는 서류꽂이를 주방에서 활용할 수도 있어요. 크기가 다른 프라이팬을 쌓으면 꺼내기 어려운데, 서류꽂이에 세로로 수납하면 쉽게 꺼낼 수 있어 편하고, 공간 효율성도 높일 수 있습니다.

구멍 뚫린 고무장갑은 잘라서 고무줄처럼 써보세요. 고무장갑 손끝 부분은 참기름 병에 씌우면 향이 날아가지 않아 오랫동안 신선한 맛이 유지됩니다. 입지 않는 옷으로는 가방이나 테이블보를 만들 수 있고, 이가 빠진 접시는 화분 받침으로 쓸 수 있고, 구멍 난 양말은 창틀을 닦은 뒤 버립니다.

이처럼 비우려던 물건을 마침 필요한 다른 용도로 사용할 수는 없을지 생각해보면 알뜰하게 물건을 재활용할 수 있겠죠.

거꾸로 필요한 물건이 생기면, 바로 사지 말고 집에 있는 다른 물건으

로 대체할 수는 없을지 생각해보세요. 예를 들어 경량 패딩을 넣을 압축 팩이 필요할 경우, 신지 않는 스타킹에 넣어보세요. 압축 팩을 사는 돈도 아끼고, 경량 패딩도 통풍이 잘되는 상태로 보관할 수 있습니다. 화병이 필요하다면 빈 주스병에 예쁘게 리본을 묶어봅니다. 화분도 생수병을 잘라 만들 수 있습니다.

물건을 한 가지 용도로만 사용한다는 생각을 버리고, 다양하게 재활용할 방법을 생각해보세요. 다만 재활용할 생각으로 종이 상자, 쇼핑백, 유리병, 구멍 난 양말, 안 입는 옷 등을 잔뜩 모아두는 것은 좋지 않습니다. 언젠가 필요할 것 같다고 모아두기만 하고 재활용하지 않는다면 공간만 차지하는 쓰레기와 다름없습니다. 한두 개만 남겨놓고 비우세요. 그때그때 있는 물건을 활용해도 충분합니다.

RESET

6장

가족구성의 변화에 따른 정리, 중장년기

중장년기는 30세에서 64세에 이르는 기간으로, 인생의 전반에서 후반으로 넘어가는 전환기라 할 수 있습니다. 노화가 점차 진행되며 신진대사가 둔해지기 시작합니다. 어린 시절 친구와의 추억이나 오래전 초등학교 때 배운 공식 등 장기기억을 유지하는 능력은 큰 변화가 없습니다. 하지만 어제 점심에 누구와 뭘 먹었는지, 왜 냉장고 문을 열었는지 퍼뜩 생각나지 않는 등 단기기억을 유지하는 능력은 점점 떨어집니다.

중장년기 후반에는 호르몬 변화가 일어나고, 갱년기에 들어서면서 신체 기능이 쇠퇴하고 심리적으로도 공허함과 우울감을 느끼기 쉽습니다. 새로운 것에 대한 학습 능력은 조금씩 감소해 빠르게 변하는 시대 흐름을 따라가기 힘들다고 생각하는 반면 경험이 쌓이며 상황을 빠르게 이해하고 대처하는 문제해결능력은 점차 높아집니다.

사회적으로는 직업적 성취도가 높은 시기입니다. 자아실현과 사회기여로 인한 만족감과 성취감은 높은 한편 직장에서의 위치를 확립하기 위해 노력해야 하는 만큼 스트레스를 많이 받을 수 있습니다. 직업적 변화나 은퇴를 준비해야 하는 시기이기도 합니다.

중년기는 결혼과 출산, 자녀의 독립 등으로 가족구성 변화가 가장 큰 시기입니다. 결혼해 새로운 가정을 꾸리면서 부부로 가족구성이 축소됐다가, 출산으로 자녀가 생기면서 확대됐다가, 그 자녀가 자라 독립하며 다시 축소됩니다.

청년기까지는 자녀 역할만 담당했다면, 중장년기에는 이런 가족구성 변화로 남편이나 아내, 자녀를 양육하는 부모, 노부모를 부양해야 하는 자녀 등 가족 안에서 감당해야 할 역할이 많아짐으로써 심리적·체력적·경제적 부담을 느낍니다. 또한 직장 생활, 가정생활, 개인 생활을 병행하기 때문에 스트레스가 최고조에 다다를 수 있습니다. 그러나 경제적 안정, 직장에서의 높은 지위, 가족의 지지, 자아실현 등으로 정서적 안정감과 자존감이 높아져, 중장년기는 '인생의 황금기'로 불리기도 합니다. 청년기에도 실용성과 효율성을 중심으로 한 정리가 필요했지만, 중장년기에는 다양한 역할을 담당하고 시간과 공간을 자신뿐 아니라 가족, 사회를 위해서도 사용해야 하는 만큼 얼마나 효율적이고 생산적으로 활용하는가가 더욱 중요해집니다.

생각 정리

스트레스 관리가 중요한 중장년기

중장년기는 많은 변화와 도전을 맞이하는 시기입니다. 직업 활동에 많은 시간을 할애하고, 이를 통해 자아실현과 경제적 자립을 이뤄내려 노력하는 때죠. 30대에는 사회 초년병으로 시행착오를 거듭하며 직장에서 안정적인 위치를 확보하기 위해 많은 시간과 노력을 들입니다. 40~50대가 되면 직업적 경력이 절정에 이르고, 이 과정에서 성취감을 느끼고 경제적으로도 안정됩니다. 하지만 평생직장이 없다고 할 정도로 사회가 급변하면서 공부를 게을리할 수 없습니다. 직장을 옮기거나 전직하는 등 변화를 겪을 수도 있습니다.

가정생활에도 많은 변화가 일어납니다. 이전까지는 자녀의 역할만 담당했다면, 중년기에는 부모에게서 독립하고 배우자와 새로운 가정을 꾸리며 남편과 아내의 역할을 하게 됩니다. 자녀를

중장년기에는 새로운 가정을 꾸리는 등 많은 변화가 있는 시기입니다.

출산하고 양육하며 부모의 역할도 해야 하고요.

이런 직업과 가정 변화는 모든 결정을 내릴 때 가장 중요하게 고려하는 기준이 됩니다. 청년기까지는 어떤 결정을 내릴 때 자신만 생각하면 됐다면, 중장년기에는 자신 이외에도 가족을 고려해야 하는 경우가 많습니다. 예를 들어 주거지를 정할 때도 배우자가 출퇴근하기에 적합한지, 아이들 교육 환경에 적합한지 등 가족구성원의 상황을 고려해야 하죠.

가정이 생기면 직업은 자아실현의 수단을 넘어 가정을 꾸리는 경제적 기반이 되므로, 직장을 옮기거나 직업을 바꿀 때도 더 큰 책임과 부담이 뒤따릅니다. 예를 들어 월급은 적더라도 가족과 시간을 많이 보낼 수 있는 직장을 택해야 할지, 가족과 떨어져 지내야 하지만 월급을 많이 주는 곳을 택해야 할지, 적성에는 조금 맞지 않더라도 월급을 많이 주는 직업으로 바꿔야 할지, 경제적 이득과 자아실현을 위해 맞벌이를 할지, 부모 중 한 명이 육아를 전담할지 등 고려 사항이 많아집니다.

한편 신체적으로는 최고 수준에서 점차 떨어집니다. 30대에는 비교적 기운이 왕성하지만, 나이를 먹을수록 근력이 감소하고 노화가 진행됩니다. 예를 들어 멀리 있는 것은 잘 보이는데도 가까운 것은 잘 안 보이고, 작은 소리는 잘 들리지 않기도 합니다. 점차 흰머리나 주름살도 생기고, 순발력과 지구력도 떨어집니다. 커텔(Cattell)과 혼(Horn)의 지능 이론에 따르면 타고난 지

● 지능의 분류

유동적 지능	결정적 지능
• 타고난 지능	• 후천적 지능
• 전혀 경험해보지 못한 문제를 해결할 수 있는 가장 기본적인 생리적 지능	• 이전의 지식이나 경험에 의존해 문제를 해결하는 지능
• 경험이나 학습과 무관	경험이나 학습과 깊은 연관
• 개인차는 유전으로 결정되지만, 대뇌 손상의 영향도 받음	• 개인차는 연습과 반복의 결과로 결정
• 교육, 문화, 환경, 사회의 영향이 적음	• 교육, 문화, 환경, 사회를 통해 습득하는 능력
• 새로운 정보를 처리하는 능력	• 이미 획득한 지식과 일반 이해를 조작하는 능력
• 인지 속도, 암기, 주의, 집중력, 신중함 등의 능력	• 어휘력, 일반 상식, 추리력, 관계 파악, 문제해결 등의 능력

능인 유동적 지능은 점점 쇠퇴하지만, 후천적으로 습득한 경험과 지식이 쌓이면서 결정적 지능은 점점 향상됩니다.

정리해보면 중장년기는 인생 주기를 통틀어 가장 왕성하게 활동하는 시기로, 직장과 가정에서 많은 변화를 맞이하고 다양한 역할을 담당하며 성취감, 안정감, 행복감을 느끼는 한편 책임, 부담, 결정의 어려움으로 스트레스를 받습니다. 신체 기능과 체력이 점점 떨어지기 때문에, 할 일이나 하고 싶은 일은 많지만 몸이 마음먹은 대로 따라주지 않아 곤혹스러울 수 있습니다.

이런 스트레스는 중장년기 후반으로 갈수록 커집니다. 진정 자신이 원하는 삶인가 하는 의문과 함께 과거를 돌아보고 자신을 재평가하게 되기 때문입니다. 이루지 못한 일에 대한 후회와 미련이 남고 이로 인해 우울감을 느낍니다.

또한 중장년기는 은퇴를 준비하거나 은퇴를 겪는 시기입니다. 직업적으로 그동안 자신이 꽤 중요한 역할을 담당했다고 생각했는데, 어느새 자신이 더 이상 중요하지 않은 것 같아 자존감과 자아 정체성에 혼란을 느낍니다. 앞으로 살아갈 나날에 대한 경제적 부담과 걱정, 불안이 닥칠 수 있습니다.

가정생활에서도 중장년기 전반에는 자녀 양육으로 스트레스를 받으며 자녀가 성장해 독립할 시기만 기다렸다면, 중장년기 후반에는 자녀가 대학 진학, 취업, 결혼 등으로 독립해버려 공허

중장년기에는 빈둥지증후군을 겪게 되기도 합니다.

함과 외로움을 느낍니다. 이를 '빈둥지증후군'이라 하는데, 부모 둘 다 겪을 수도 있지만 주 양육자에게서 더 많이 나타납니다. 자녀가 독립하면 자유로워질 것이라 생각했는데 부모 역할이 줄어들면서 역할 변화에 대한 혼란과 상실감을 느끼는 것입니다. 특히 결혼 생활이 만족스럽지 못하거나 부모 역할에 과도하게 몰입한 경우, 빈둥지증후군을 경험할 가능성이 큽니다. 아울러 노부모를 부양해야 할 책임이 늘어납니다.

신체적으로도 중장년기 후반에는 남녀 모두 갱년기를 겪습니다. 개인차는 있지만, 호르몬 변화로 감정 기복이 심해지고 체온 조절 능력 약화, 수면장애, 건망증, 피로감 등을 느낍니다. 건강 관리를 제대로 하지 않으면 고혈압, 당뇨, 비염, 비만, 관절염 등 만성질환에 시달리고, 심리적으로 우울감, 불안감, 외로움, 무기력 등을 느낍니다.

이런 중장년기 스트레스는 어떻게 관리해야 할까요?

먼저 자신이 처한 상황을 인식하고, 현실을 있는 그대로 받아들입니다. 자신이 처한 상황을 거부하고 회피하면 할수록 스트레스를 받습니다. 현실을 직시하고 받아들이는 것만으로도 심리적 스트레스를 줄일 수 있습니다.

그리고 할 수 있는 일에 집중합니다. 자기 능력으로는 도저히 할 수 없는 일을 하려고 하거나 목표가 너무 높으면 무리만 할 뿐 이루기는 어렵습니다. 자기 역할을 완벽하게 하려고 하기보다 최선을 다하고, 결과만큼이나 그 역할을 해내고 있는 과정에도 의미를 두고 중요하게 생각해야 합니다.

미래를 막연하게 걱정하고 불안해하기보다는 장기적인 계획과 준비에 집중합니다. 평소 건강관리를 하고, 저축이나 연금 등으로 노후 자금을 준비하거나 노후에 활용할 수 있는 자격증을 따거나, 여가에 즐길 수 있는 취미 활동을 만들어두는 등 미리 계획을 세우고 실천하며 은퇴 이후의 삶을 준비합니다.

무엇보다 자주 자신의 몸과 마음을 챙깁니다. 맡은 역할이 많다 보니 직장이나 가족을 먼저 생각하고, 자신의 몸과 마음을 돌보지 못하는 경우가 많습니다. 스스로 몸과 마음 상태를 수시로

중장년기에는 스스로 몸과 마음 상태를 수시로 점검해야 합니다.

점검하고, 지치거나 우울해지지 않도록 예방합니다.

이미 많이 지쳐 있거나 우울하다면, 그런 감정을 부정하거나 숨기기보다 자신의 감정을 받아들이고 해결할 방법을 찾습니다. 잠시라도 휴식을 취하고 재충전하는 시간을 가지세요. 좋아하는 일들을 하며 기분을 전환하는 방법도 있습니다. 가족에게 자신의 상태를 알리고 이해와 도움을 청할 수도 있습니다. 우울증, 번아웃증후군, 공황장애처럼 증상이 심각하다면 꼭 전문가의 도움을 받습니다.

이처럼 중장년기에는 신체적·정신적 건강을 관리하고 시간과 공간을 효율적으로 사용함으로써 과중한 스트레스에 짓눌리지 않도록 신경을 써야 합니다.

은퇴 이후의 삶 미리 알아보기

단계	내용
1단계 활동기	· 은퇴 직후부터 활력이 줄어드는 70대 중반 정도까지의 기간 · 많아진 시간으로 은퇴 생활을 마음껏 즐김 · 직장과 가정생활로 하지 못했던 활동 등을 활발하게 함 · 국내외 여행, 취미 생활, 학업 등의 활동이 많음 · 재취업이나 창업 등 근로 활동을 계속 이어가기도 함 · 활동기를 잘 보내야 노후 생활을 후회 없이 잘 보낼 수 있음
2단계 회상기	· 70대 중반부터 여러 가지 질병으로 병원 신세를 지기 전까지의 기간 · 건강을 잘 유지한다면 활동기와 크게 달라지지 않지만, 일반적으로 행동이 느려지고 체력이 저하돼 인생을 되돌아보게 됨 · 활동기보다 외로움과 우울감을 더 느낄 수 있음 · 친구 관계나 사회적 교류를 유지하는 것이 좋음 · 자기 계발, 취미, 여가, 사회봉사 등 삶의 활력과 의미를 찾는 활동을 이어가는 것이 좋음
3단계 간호기	· 병원을 자주 출입하고, 간병인이나 배우자의 간호를 받아야 하는 시기 · 배우자를 간호하거나 배우자 사망 후 혼자 생활하는 시기 · 병원비, 간병비, 요양원 비용 등으로 노후 생활 비용이 늘어남 · 병원, 도움을 받을 수 있는 자녀나 지인 가까이로 거주지를 정하는 것이 좋음
준비	· 저축, 투자, 노후연금 등 필요한 자금 미리 마련하기 · 암보험, 간병보험 등을 미리 가입해 의료비 마련해놓기 · 재취업이나 창업에 필요한 자료 조사 및 자격증 준비하기 · 규칙적인 운동과 생활 습관, 균형 잡힌 식사로 건강관리하기 · 노후에 즐길 수 있는 취미 만들기 · 평소 하고 싶었던 일을 목록으로 작성해보기 · 친구, 동호회 모임, 자원봉사 등의 교류 이어가기 · 노후 주거지로 병원 근처나 교통이 좋은 곳을 고려하기 · 자신의 사망 이후 절차를 남은 가족이 잘 해결할 수 있도록 원하는 장례절차, 유언, 유산 분배 등을 미리 생각하고, 가족에게 이야기하거나 문서로 남겨두기

중장년기, 시간 정리는 이렇게!

중장년기는 직장 생활과 가정생활, 개인의 삶을 병행하기 때문에 시간이 항상 부족합니다. 특히 자녀를 낳으면 육아에 많은 시간을 쏟아야 합니다. 직장도 안정적 위치를 확립해야 하는 중요한 시기로 소홀할 수가 없습니다. 그래서 가정생활에 집중하면 이러다 직장에서 뒤처지는 것은 아닌지, 육아로 경력이 중단되면 나중에 직장을 구하기 힘들지 않을지 걱정됩니다. 그렇다고 직장 생활에 집중하면 아이와 보내는 시간이 적어 아이에게 미안하고, 아이를 제대로 키우지 못하고 있는 것은 아닌지, 자신이 나쁜 부모는 아닌지 하는 죄책감에 시달리죠. 직장 생활과 가정생활을 균형 있게 해나가려면 시간 낭비를 줄이고 생산성을 높일 수 있는 시간 관리가 중요합니다.

중장년기에 시간을 효율적으로 관리하는 방법으로 시간 블록

제가 있습니다. 시간 블록제는 시간을 블록으로 나누고, 각 블록에서 해야 할 일을 명시하는 것입니다. 예를 들어 오전 9시부터 12시는 업무 집중 시간으로 지정하고, 오후 7시부터 9시는 육아 집중 시간으로 지정하는 식이죠. 직장에 있으면서 아이를 걱정하거나, 아이를 돌보면서 업무 생각을 할 경우, 업무도 육아도 제대로 하지 못합니다. 두 가지를 병행해야 하거나 분리하기 어려운 시간도 있지만, 그래도 하루 중 어느 하나에만 집중할 수 있는 시간을 블록으로 잡고 그 시간에는 그 일에만 집중하도록 합니다.

또 다른 시간 관리법으로 우선순위 매트릭스가 있습니다. 우선순위 매트릭스는 할 일을 중요도와 긴급도를 기준으로 구분해 우선순위를 정합니다.

1순위는 긴급하고 중요한 일로, 마감이 닥친 업무, 아이가 아픈 일 등이 해당하며, 다른 일보다 우선적으로 즉시 처리합니다.

2순위는 긴급하지는 않지만 중요한 일로, 장기 프로젝트, 자기계발, 건강관리처럼 미래를 위한 계획이나 준비가 필요한 일이 해당합니다. 전략적인 계획을 세우고 진행하되 긴급하지 않다고 자꾸 미루지 않도록 언제까지 완료하겠다는 기한을 정합니다.

3순위는 긴급하지만 중요하지 않은 일로, 즉각적인 대응이 필요하지만 결과에는 크게 영향을 미치지 않는 일입니다. 청소, 갑

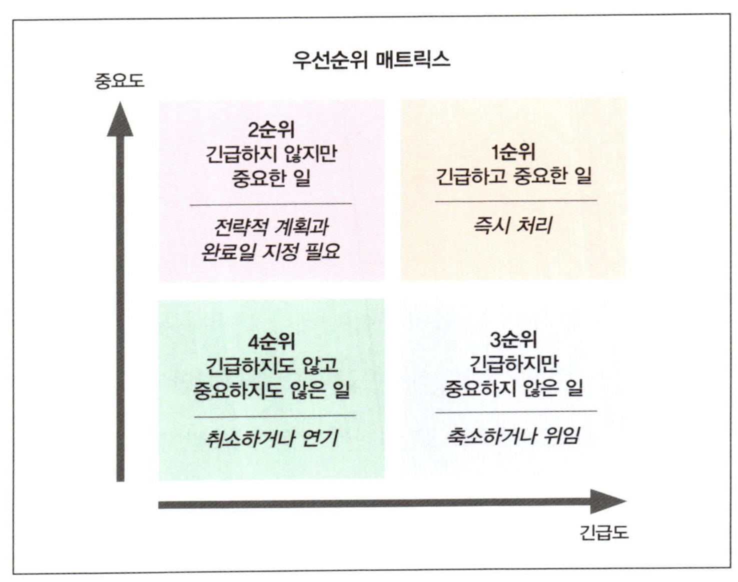

작스러운 전화 등으로 이런 일은 시간을 적게 들여 처리하거나 다른 사람에게 위임합니다.

4순위는 긴급하지도 않고 중요하지도 않은 일로 영화 보기, SNS 활동 등이 해당합니다. 이런 일은 필요 없는 일인 경우가 많으므로 하지 않거나 급하지 않을 때로 연기합니다.

우선순위 매트릭스를 사용하면 중요한 일을 우선 처리함으로써 시간 낭비를 막고, 생산성과 집중력을 높일 수 있습니다. 또 각 순위에 대한 대응 방법이 명확해, 뭘 어떻게 해야 할지 몰라 받게 되는 스트레스를 줄일 수 있습니다.

다만 무엇보다 중요한 것은 직장 생활과 가정생활을 모두 완벽하게 해내겠다는 마음을 내려놓는 것입니다. 이 모든 것을 혼자 감당하려고 해서도 안 됩니다. 시간이 부족하고 할 일이 많은 만큼 부부가 협력해야 합니다. 서로의 일정을 공유하고, 역할을 분담하고, 갑작스러운 상황 발생 시 대처 방법을 미리 상의해놓으세요. 할 수 있는 만큼 최선을 다하고, 부부의 힘으로 부족하면 부모님, 친구, 가사도우미, 아이돌봄서비스, 정리수납 전문가 등 주변의 도움을 받아야 합니다. 그래야 가사와 육아의 질을 높이고, 보다 효율적으로 시간을 사용할 수 있습니다. 자녀가 어느 정도 크면 자녀와 함께 식사를 준비하거나 자녀에게도 청소, 빨래 개기 등 집안일을 분담시키는 등 가족의 일은 가족구성원 모두가 참여하도록 합니다.

짧게라도 자신을 위한 시간을 확보합니다. 아이가 어느 정도 클 때까지는 온전히 자신만을 위한 시간을 내기가 어렵겠죠. 그렇지만 집중력을 회복하고 생산성을 높이기 위해서는 휴식과 재충전의 시간이 꼭 필요합니다. 출퇴근 시간, 점심시간, 아이 낮잠 시간 등 자투리 시간과 아이가 일어나기 전 새벽 시간, 아이가 잠든 뒤 시간을 활용해 독서, 명상, 산책, 외국어 공부, 음악 감상, 그림 그리기, 운동 등 자기 계발, 취미 생활, 휴식 등을 해보세요.

아침에 10분 독서, 자기 전 10분 스트레칭, 출근길 영어 듣기 공부, 점심시간 산책 등 매일 꾸준히 할 수 있는 루틴을 만들면, 많은 시간과 노력을 들이지 않아도 개인 시간을 보낼 수 있어 좋습니다. 휴일에는 부부가 번갈아 서너 시간씩 육아를 전담하고, 한 명은 친구와 만나 쇼핑을 하거나 공연, 전시, 스포츠 경기를 관람하는 등 기분 전환을 해보세요. 가끔 부모님이나 다른 사람의 도움을 받아 직장 생활과 육아를 잠시 잊고, 부부 둘만의 시간을 갖는 것도 재충전이 될 수 있습니다.

직장에서 어느 정도 자리를 잡고, 아이도 자라 부모의 손이 덜 필요해지면 한결 여유로워집니다. 특히 아이가 대학 진학이나 취업 등으로 독립하면 가족구성원이 축소되므로 개인을 위해 쓸 수 있는 시간이 늘어납니다. 그런데 막상 시간이 주어져도 자신을 위하지 못하는 사람이 있습니다. 직장이나 가정에서 쓸모없어진 것은 아닌지 걱정하며, 상실감이나 공허함을 느끼기도 하고요.

이럴 때일수록 우울감과 무기력에 빠져 시간을 무의미하게 보낼 것이 아니라 역할이 변한 상황을 빠르게 받아들이고, 여유 시간을 자신을 위한 활동으로 채워가는 것이 좋습니다. 여전히 경제활동을 활발하게 해야 하는 시기니, 경력이나 전직에 도움이 되는 공부 또는 자격증 취득 시험을 준비하며 자기 계발의 시간을 가져보면 어떨까요? 그동안 시간이 부족해 하지 못했던 취미 생활이나 여행, 봉사활동, 동호회 참여 등 새로운 활력소를 찾아 활동하는 것도 좋고요.

중장년기에는 노화가 진행되고 신체 기능이 저하되므로 건강관리를 위한 시간도 꼭 필요합니다. 중장년기는 고혈압, 당뇨, 관절염, 비만 등 만성질환 발병 위험이 높아지는 시기이기도 합니다. 적절한 건강관리는 삶의 질을 높이고, 이후 노년기의 생활에도 영향을 끼칩니다. 정기적인 건강검진으로 건강상태를 점검하고, 규칙적인 생활 습관을 들이고, 건강에 좋은 식단으로 적정한 체중을 유지하도록 합니다. 규칙적으로 운동하면 그러지 않은 사람보다 만성질환이 발병할 위험이 35퍼센트나 낮아진다고 하니, 매일 30분 이상 걷기나 달리기, 자전거 타기, 수영 등 운동을 규칙적으로 꾸준하게 하는 것을 권합니다.

가사와 육아를 병행할 때 유용한 시간 관리법

- 일석이조 효과 노리기: 두 가지 일을 동시에 해 시간을 절약합니다. 아이가 낮잠을 자는 동안 청소를 하거나, 빨래를 개면서 아이와 함께 엄마 옷, 아빠 옷, 아이 옷을 분류하는 게임을 하거나, 아이를 업어 재울 때 제자리 걷기 운동을 하는 식입니다.

- 가족구성원 가사에 참여시키기: 혼자서 가사를 전담하는 대신 가족구성원이 함께하면 시간과 힘을 줄일 수 있습니다. 예를 들어 볶음밥을 할 때 간단한 채소 자르기를 아이에게 맡긴다면 요리 시간도 줄이고, 아이와 상호작용도 할 수 있죠. 청소할 때도 아빠는 청소기를 돌리고, 엄마는 부엌을 치우고, 아이는 자기 책상을 정리하면, 부모는 집안일 부담을 덜고 아이는 자기 주도적 정리 습관을 기를 수 있습니다.

- 가전제품 활용하기: 가전제품을 활용하면 가사 업무에 들이는 시간과 노동을 줄일 수 있습니다. 예를 들어 생선을 프라이팬에 직접 굽는다면 계속 상태를 살펴야 하지만, 오븐이나 에어프라이어를 이용하면 생선이 구워지는 동안 아이에게 책을 읽어줄 수 있어요. 직접 설거지하는 대신 식기세척기를 이용하면 그동안 아이를 씻기고 잠을 재울 수도 있고요.

가족구성 변화에 따라 공간 정리하기

앞서 설명했듯 중장년기는 결혼과 출산, 자녀의 독립 등으로 가족구성 변화가 가장 많은 시기입니다. 먼저 결혼을 하면 공간을 배우자와 공유합니다. 결혼 전까지는 자기 취향과 기준에 맞춰 공간을 꾸미고 정리했다면, 이제는 배우자와 기준을 맞춰가야 합니다. 자기 물건뿐 아니라 배우자의 물건이 더해져 함께 사용해야 할 물건이 늘어납니다.

자녀를 출산하면 육아에 필요한 물품과 아이의 옷, 책, 장난감 등과 같은 물건이 늘어납니다. 자녀가 성장함에 따라 그때그때 필요한 물건이 생깁니다. 가족구성원이 늘어날 때마다 필요한 물건도 많아질 수밖에 없습니다.

이에 반해 공간을 정리하고 물건을 관리하는 시간은 늘어나지 않습니다. 물건이 늘어날 때마다 매번 더 큰 공간으로 이사

가족 구성원이 늘어날수록 물건도 많아집니다.

가지 않는 한 공간의 크기도 정해져 있으므로, 가족이 실제로 쓸 수 있는 공간은 줄어듭니다. 결국 늘어나는 물건만큼 비우지 않는다면, 나중에는 어디서부터 손을 대야 할지 모를 정도로 물건이 공간을 많이 차지해 정리하고 관리하는 일이 어려워질 수 있습니다.

물건이 많아 집이 복잡하면, 생활하기 불편하고 학업이나 업무에 집중할 수 없으며 심리적으로도 안정감과 편안함을 느끼기 어렵습니다. 가족구성원이 많을수록 공간이 더 많이 필요한 만큼 물건을 정리해야 합니다. 또 자녀가 부모의 정리 습관을 그대로 보고 배우는 만큼 더욱 책임감을 갖고 물건과 공간을 정리할 필요가 있습니다.

필요한 물건이 늘어났다면, 바로바로 불필요한 물건을 줄여야 합니다. 예를 들어 아이가 성장해 더 큰 옷이 필요해졌다면 작아진 옷은 필요한 사람에게 나눠주거나 버려서 전체 물건의 양이 크게 변하지 않도록 합니다.

정품(꼭 필요한 물품), 정량(정해진 양), 정위치(정해진 위치), 이 3정을 기억해두세요. 꼭 필요한 물건인지, 얼마나 필요한지, 어디에 놓을지를 미리 생각한다면 소유해야 할 물건을 결정하는 데 도움이 됩니다.

총량 규제의 법칙과 총량 불변의 법칙도 기억하세요. 모든 공간은 물건으로 70~80퍼센트 이상 채우지 않아야 하며, 새 물건이 들어올 때는 반드시 기존에 있던 물건을 비워 총량이 변하지 않도록 합니다.

이렇게 전체 물건의 양을 늘리지 않으려고 노력했음에도 불구하고 가족구성원이 늘어나면 어쩔 수 없이 물건이 많아질 수밖에 없습니다. 그런 경우에는 가족구성원의 상황에 맞게 공간을 재배치합니다. 예를 들어 아이가 태어나 아이 물건이 늘어났다면, 부부의 취미용품을 보관하던 방을 아이 방으로 바꿉니다. 이때 그 방에 있던 부부의 취미용품은 좀 줄여야겠죠. 또 자녀들이 어릴 때는 방을 같이 쓰지만, 성장하면 성별이나 생활 습관에 따라 방을 분리해줘야 합니다. 아울러 책장이나 수납장을 놔 수납력을 높임으로써 공간을 효율적으로 사용합니다.

물건을 정리하고 수납할 때는 가족 누구라도 그 물건을 쉽게 찾고 정리할 수 있도록 물건의 자리를 정하는 것이 좋습니다. “어지르는 사람 따로 있고 치우는 사람 따로 있냐?”라고 말할 정도로 정리나 청소를 가족구성원 중 한 사람이 주로 하는 경우가 많은데요. 그러면 다른 가족은 필요한 물건이 어디에 있는지, 물건을 어디에 수납해야 하는지 몰라, 결국 하던 사람이 계속 정리나 청소를 맡아서 해야 합니다. 그러니 물건마다 제자리를 정해두고, 누구나 쓰고 나면 그 자리에 놓도록 습관을 들여, 언제 누구라도 찾을 수 있고 쉽게 정리할 수 있게 하세요. 뭐가 들었는지 알기 쉽게 라벨링을 하는 것도 방법이겠죠.

자녀가 자라 독립할 때 물건을 남기고 가는 경우가 많습니다. 부모가 정리하려 해도 자녀의 물건이라 함부로 손을 대기 쉽지 않아요. 하지만 남은 가족이 공간과 물건을 효율적으로 사용하기 위해서라도, 자녀가 독립할 때 공간과 물건을 정리할 필요가 있습니다.

먼저 자녀의 물건은 자녀와 함께 정리합니다. 갖고 갈 물건, 남길 물건, 버릴 물건을 정하고, 남길 물건은 상자나 책장 두어 칸 정도에 보관합니다. 자녀가 사용하던 공간은 부모의 서재나 취미 공간, 또는 손님을 위한 공간으로 꾸밉니다. 평소에는 집에 있는 가족이 사용하다가, 독립한 자녀가 명절이나 가족 생일에 와서 자고 갈 때는 내줍니다.

만약 은퇴해 직장에서 사용하던 물건을 집으로 가져올 경우에는 먼저 버릴 것과 남길 것을 분류합니다. 남길 물건은 개인 공간에 정리합니다. 개인 공간이 없다면 이참에 마련해보세요. 자녀 방은 있지만 막상 엄마 아빠 공간은 없는 경우가 많은데요. 부부가 함께 쓰는 안방이나 엄마가 주로 머무는 주방이 있지만, 개인 공간이라고 할 수는 없습니다.

혼자 책을 읽거나 잠시 휴식을 취하거나 누구의 방해도 받지 않고 개인 시간을 보낼 수 있는 공간이 가족 누구에게든 필요합니다. 그 공간이 꼭 방 하나를 다 차지할 필요는 없어요. 부부 침실 한쪽에 개인 책상을 놓거나, 베란다에 1인용 소파와 테이블만 들여도 독립된 개인 공간을 마련할 수 있습니다.

이처럼 중장년기에는 결혼, 출산, 자녀의 독립, 은퇴 등 상황에 따라 공간과 물건을 정리해 공간을 효율적으로 사용할 수 있도록 합니다.

수납 법칙

1 **대중소 분류의 법칙**

물건을 상위개념에서 하위개념으로 분류하며 수납합니다. 예를 들어 주방을 정리할 때 먼저 그릇, 조리 도구, 주방 가전 등으로 대분류합니다. 그릇은 다시 접시, 대접, 컵 등으로 분류합니다. 접시는 다시 큰 접시, 중간 접시, 디저트 접시 등으로 분류해 수납합니다.

2 **총량 규제의 법칙**

물건이 가득 찬 상태에서는 새 물건의 자리를 마련할 수 없고, 애써 정리한 대로 유지하기도 어렵습니다. 그러므로 공간의 70~80퍼센트만 수납해 공간을 쾌적하게 유지하고, 새로운 물건이 생겨도 바로 수납할 수 있도록 합니다.

3 **원터치의 법칙**

한번에 꺼내고 넣을 수 있게 수납합니다. 예를 들어 크기가 다른 접시를 차곡차곡 쌓아 보관하면, 아래에 놓인 접시를 꺼낼 때 위에 있는 접시를 먼저 꺼내야 합니다. 이때는 접시 정리대를 사용해 접시를 세워서 보관하면 접시를 한번에 넣고 꺼낼 수 있어 좋습니다.

4 세로 수납의 원칙

색깔, 크기, 디자인이 다른 티셔츠를 겹쳐서 서랍에 수납하면, 가운데 있는 티셔츠를 꺼내기 어렵습니다. 또 크기가 다른 접시나 프라이팬도 겹쳐 수납하면 밑에 있는 것을 꺼낼 때마다 위에 있는 것을 꺼내야 해 불편합니다. 이럴 경우, 수납 도구를 활용해 세로로 수납하면 유지 관리가 쉽습니다.

5 수납 도구 활용의 원칙

수납 도구를 활용하면 물건을 구분해 보관, 정리해 공간의 효율성과 사용의 편리성을 높일 수 있습니다. 크기가 다른 접시는 접시 꽂이를, 크기가 다른 식기는 선반을, 프라이팬은 프라이팬 거치대를 사용해 수납하면 편합니다. 옷을 넣을 서랍이 부족한 경우에는 바구니에 넣어 선반에 수납하면 좋습니다.

6 라벨링의 원칙

라벨링은 정리의 언어화입니다. 사람의 기억을 대신해주는 시각적 도구입니다. 옷장 서랍, 주방 서랍, 책상 서랍에 물건을 수납할 때 뭐가 보관돼 있는지 바로 확인할 수 있게 해줍니다. 글씨 대신 사진을 붙여도 좋습니다.

물건을 늘리지 않는 방법

- 무료라고 무조건 받아 올 필요는 없다: 돌잔치, 결혼식 등에서 수건, 행주 등을 나눠주는 경우가 많습니다. 무료라는 생각에 일단 다 받아 오지만, 막상 쓸 일은 없어 모아두게 되죠. 아무리 공짜라도 필요하지 않으면 받지 말아야 합니다. 받아 왔다면 가장 먼저 써서 서랍에 쌓이지 않도록 하고요. 가령 작은 휴대용 물티슈를 많이 받아 왔다면 우선 그것을 다 쓴 뒤에 새 물티슈를 꺼내 쓰세요.

- 꼭 필요할 때 사도 된다: 사고 싶은 것인지, 필요한 것인지 생각해봅니다. 당장 꼭 필요하지 않은데도 할인하거나 대량 구매를 하면 저렴하다고 해서 물건을 사서 쟁이는 경우가 있습니다. 싸게 잘 산 것 같겠지만, 바로 쓰지 못해 소비기한을 넘기기도 합니다. 오래 보관하면 제품의 품질이 변할 수도 있고요. 오래 둬도 되고 항상 쓰는 물건이라면 할인할 때 대량으로 사도 되지만, 그렇지 않다면 꼭 필요할 때 필요한 양만 사는 편이 비용과 공간을 더 아낄 수 있어요.

- 소비기한이 지났는지 주기적으로 점검한다: 약, 식품, 세제, 화장품 등 종류도 많고, 양도 많은 물건은 자주 점검하지 않으면 소비기한을 넘겨 쓰지 못하는 경우가 생깁니다. 주기적으로 점검해 소비기한이 지나기 전에 쓸 수 있도록 합니다. 물건

을 자주 점검하면, 뭐가 얼마나 있는지 알고 있어 불필요한 구매도 막을 수 있습니다.

- 장바구니를 활용한다: 물건을 살 때 받아 오는 쇼핑백이나 비닐 봉투는 쓸 데가 있을 것 같아 버리기 아깝습니다. 그래서 모아두면 생각보다 양이 많아지는데요. 처음부터 쇼핑백과 비닐 봉투를 받지 말고, 만약을 위해 보관할 때는 양을 정해두는 것이 좋습니다. 장을 볼 때는 접으면 작아지는 장바구니를 휴대해 필요 없는 봉투 비용을 줄이고, 환경도 살리세요.

- 에코백, 텀블러도 많으면 환경을 위하는 일이 아니다: 일회용품 사용을 줄이는 것이 자원을 절약하고 환경을 위하는 일이기에 많은 사람이 에코백과 텀블러를 사용합니다. 하지만 에코백과 텀블러도 너무 많으면 자원 낭비, 환경 오염입니다. 적정 수량만 보관하고, 나머지는 필요한 사람에게 나눠주는 등 정리합니다.

- 필요한 사람에게 나눔하거나 판다: 취향이 아니어서 쓰지 않는데도 새것이라 버리기 아깝다며 갖고 있는 경우가 있습니다. 하지만 물건은 사용할 때 의미가 있습니다. 아무리 멀쩡해도 사용하지 않는다면 그 물건의 가치는 제로와 같죠. 주위 사람에게 주거나 기부하세요. 중고 물품으로 판다면 돈도 벌고, 물건의 가치도 높일 수 있습니다.

Q&A

Q 버리긴 아깝고, 보관하긴 버거운 물건은 어떻게 할까요?

A 불필요한 물건은 비워야 한다는 것은 알지만, 막상 비우려고 하면 아까운 물건이 있습니다. 이때는 우선 왜 버리기 아까운지 생각해보세요. 추억이 담긴 물건이라 버리기 아깝다면, 사진을 찍어 남겨두는 방법이 있습니다. 너무 멀쩡해서 버리기 아깝다면, 필요한 사람에게 주거나 재활용할 방법을 생각해봅니다.

언젠가 쓸 것 같다면 최근 6개월에서 1년 사이에 쓴 적이 있는지 기억을 더듬어보세요. 쓴 적이 없다면 앞으로도 쓰지 않을 가능성이 큽니다. 특히 대체할 다른 물건이 있다면 과감하게 비우는 것이 좋습니다.

대체할 물건이 없고 여전히 버리기 아쉽다면, 따로 상자에 담아둡니다. '보류 상자'라 이름 붙이고, 보류 상자에 보관한 물건을 사용할 확률이 얼마나 되는지 스스로 테스트해봅니다. 6개월 동안 한 번도 보류 상자에서 꺼내지 않았다면 그때는 미련 없이 비웁니다. 이런 행동이 반복되면 앞으로 물건을 버릴지, 남길지 선택할 때 도움이 됩니다.

'비울까? 말까?'를 고민하지 말고 '남길까? 말까?'를 고민해봅니다. 막상 비운다고 생각하면 뭔가 낭비하는 것 같아 아쉬운 마음이 들 수 있습니다. 그러니 남기는 것이 좋을지 생각했을 때 부담스럽다면 남기지 않는 것으로 결정합니다. 훨씬 마음이 가벼워질 것입니다.

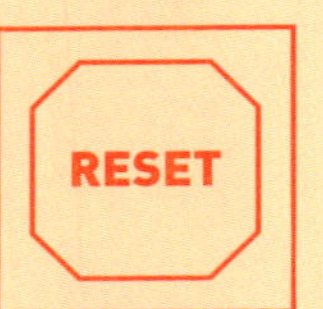
RESET

7장

단순하고 편안한 정리, 노년기

노년기는 65세 이후부터 생을 다할 때까지의 기간으로, 인생의 후반기에 해당합니다. 신체적으로는 중장년기부터 진행된 노화가 이어지며 신장, 체중, 기초대사율이 감소하고, 만성질환을 한 가지 이상 앓는 경우가 많습니다. 기억력과 인지능력도 약화돼 치매 위험이 증가합니다. 배우자나 가족, 친구의 죽음을 겪으며 인생을 돌아보고, 죽음을 생각합니다.

하지만 의학의 발달로 평균수명이 길어져 100세 시대라고 할 정도로 장수하는 사람이 늘어난 만큼 노년기에 새로운 도전을 하고, 제2의 인생을 사는 경우도 많아졌습니다. 시니어 모델로 활동하기도 하고, 변화하는 시대에 발맞춰 디지털미디어를 활용해 유튜브 스타가 되기도 합니다.

사회적으로는 그 역할이 많이 축소돼 소외되거나 고독감을 느끼기도 하지만, 그동안 쌓아온 지식과 경험을 토대로 책을 출간하거나 상담, 조언, 재능 기부, 봉사활동 등을 통해 다음 세대에게 지혜를 전하는 어른의 역할을 담당하기도 합니다.

가정에서는 자녀가 맞벌이 등으로 육아를 힘겨워할 경우 손자녀를 돌보기도 합니다. 자녀, 손자녀와 함께 살거나 요양원 같은 시설에서 머무는 경우가 아니라면 빨래, 청소, 요리, 설거지 같은 가사를 해야 하는 만큼 자신의 물건과 공간을 직접 관리하고 정리해야 합니다.

노년기에는 신체적 기능이 떨어지는 가운데서도 죽음에 이르기 전

까지의 삶을 이어나가기 위해 시간과 공간을 정리해야 합니다. 다만 체력에 무리가 가지 않도록 시간과 공간을 최대한 단순하고 편안하게 정리해야겠죠. 또한 죽음을 생각하고 인생을 돌아보며 자신이 세상을 떠난 뒤 남은 가족에게 부담이 되지 않도록 물건을 정리할 필요가 있습니다.

노년기의 정리는 단순히 물건을 줄이는 일이 아닙니다. 긴 세월 살아온 흔적을 바라보며, 남은 시간을 더 편안하고 의미 있게 살아가기 위한 마음의 정리라고 할 수 있습니다. 젊은 시절에는 더 많은 것을 얻기 위해 살았다면, 노년에는 덜어내는 과정 속에서 평화를 찾을 수 있으니 과거를 정리하고 현재를 단순화하며 미래를 가볍게 맞이할 준비를 합니다.

생각 정리

인생을 정리하며 현재를 음미하는 노년기

노년기의 가장 중요한 문제는 건강입니다. 건강상태에 따라 노년기의 삶이 크게 달라집니다. 의학의 발달로 평균수명은 늘어났지만, 유병장수라고 할 만큼 크고 작은 질병을 앓는 경우가 많아 삶의 질이 만족스럽지 못할 수 있습니다. 마음은 여전히 청춘인데 몸은 따라주지 않으니 답답하고 우울해지기 쉽습니다. 사회적으로도 대부분 직장에서 은퇴하고, 빠르게 변하는 현실을 따라가지 못해 상실감과 소외감을 느낄 수 있습니다. 가정에서도 자녀를 부양하는 것에서 자녀에게 돌봄을 받는 위치로 바뀌어 자존감이 떨어지기도 하고요. 배우자나 형제자매, 친구의 죽음으로 인한 충격과 외로움, 경제적 어려움으로 인한 불안, 지난 삶에 대한 아쉬움 등 여러 이유로 심리적 우울감이 커집니다.

젊고 활기찼던 과거를 회상하는 경향이 많고, 추억이 담긴 오래된 물건에 대한 애착이 강해집니다. 그래서 노인 대부분이 물건을 버리는 것에 거부감이 강합니다. 자녀가 물건으로 가득한 집을 정리하려 해도, 아까워서 버리지 못하게 합니다. 좋은 물건을 사다 줘도 새 물건은 아껴두고 여전히 낡은 물건을 사용해 가족 간의 갈등이 생기기도 합니다.

이런 상태가 심해지고 쌓아둔 물건을 제대로 관리하지 못하면 악취가 나고, 일상생활에 어려움을 겪을 수 있으며, 위생 상태가 나빠 질병에 걸리기 쉽습니다. 물건을 과도하게 저장하고 버리지 않는 경우, 저장강박증 진단을 받을 수도 있습니다. 저장강박증은 100명 중 2~5명에게 나타날 정도로 생각보다 흔한 질환으로, 노년층이 젊은 층에 비해 세 배 정도 많은 것이 특징입니다.

물건이 지나치게 많이 쌓여 있다면 물건을 잘 버리지 못하는 생활 습관 때문이 아니라 정신 건강 문제일 수도 있는 만큼 스스로 자신의 정신 건강을 점검하고 개선하려 노력해야 합니다. 만약 스스로 개선하기 힘들다면 가족, 친구, 전문가에게 도움을 청하세요. 가족 역시 노년기 부모에게서 저장강박증 행동이 나타나지는 않는지 주의 깊게 살펴볼 필요가 있습니다.

저장강박증이 아니더라도, 물건이 많으면 생활 환경이 쾌적하지 못하고 일상생활이 어려워지면서 스트레스를 받고 우울할 수

● 저장강박증

정의	• 사용 여부와 상관없이 물건을 과도하게 수집하고, 버리지 못하는 정신상태 • 일반적인 강박장애의 한 유형으로 분류했으나, 2013년 미국정신의학회(American Psychiatric Association)가 정신질환으로 규정
증상	• 물건을 버리려 하면 심한 불안과 스트레스를 겪고 분노함 • 물건에 대해 비정상적인 애착을 보임
원인	• 어느 하나로 규정하기 어려움 • 뇌 손상, 심리적 요인과 사회적 요인이 복합적으로 작용
추세	• 주로 노년기에 발생했으나 최근 들어 경제적·사회적 불안이 심한 젊은 세대에서도 많이 나타나고 있음
치료	• 약물치료와 인지행동치료를 병행

있습니다. 노년기에는 정신 건강과 위생을 위해서라도 물건을 줄이고 비우는 습관을 들이세요.

또한 노년기는 죽음을 구체적으로 생각해봐야 하는 시기입니다. 부모뿐 아니라 배우자, 형제자매, 지인을 떠나보내는 일이 많아지는 만큼 자신의 죽음에 대해 생각하고 준비해야 합니다. 사람은 누구나 죽는다는 사실은 알지만, 막상 가족이나 자신의 죽음이 가까워졌다는 사실을 받아들이기는 어려울 수 있습니다. 그래서 처음에는 부정하고 분노하다 우울해지기도 하지만, 결국에는 죽는다는 사실을 받아들여야만 합니다.

죽음을 준비하는 일은 죽기 위함이 아니라 남은 생을 보다 의미 있게 살아가기 위해서라는 것을 기억하세요. 삶에 끝이 있다는 것을 받아들이면 지금을 무의미하게 보낼 수 없기 때문입니다. 되돌릴 수 없는 과거의 일에 매달리기보다 현재를 음미하세요.

다만 지금이라도 바로잡을 수 있는 일은 바로잡고, 미안하다는 말을 전하지 못한 사람에게는 미안하다고, 아직도 고마움을 전하지 못한 사람에게는 고맙다고 말한다면 갑자기 죽음의 순간이 오더라도 후회나 미련이 남지 않을 것입니다.

좋은 영향을 주는 사람이 아닌데 오래 알고 지냈다는 이유로 계속 곁에 두고 고통받고 있다면, 이제라도 끊어내세요. 노년기에는 불필요한 물건이나 인간관계에 쏟을 시간과 체력이 충분하지 않습니다.

죽음을 준비한다는 것은 죽음의 순간이 전보다 한발 가까이 다가왔으니 언제든 홀가분하게 떠날 수 있도록 불필요한 물건이나 인간관계를 미리 정리하고 좀 더 가볍게 살면 좋다는 것이지, 모든 것을 정리하고 가만히 손 놓고 앉아 죽음이 오길 기다려야 한다는 말이 아닙니다. 노년기의 외로움을 고독력(孤獨力)으로 바꿔보세요. 노년기의 고독력은 현대사회에서 매우 중요한 개념으로, 단순히 외로움을 견디는 힘이 아니라 혼자 있는 시간을 성장의 자원으로 바꾸는 힘을 뜻합니다. 즉 혼자 있는 시간에 불안

● 엘리자베스 퀴블러 로스의 죽음의 5단계

단계	내용
1단계 부정	• 죽음의 현실을 받아들이지 않는 단계 • "그럴 리 없어!" • 슬픔과 좌절, 분노의 감정
2단계 분노	• 분노와 불공평함을 느끼는 단계 • "왜 하필 내게 이런 일이?" • 분노, 원망, 우울, 무기력의 감정
3단계 타협	• 자신의 죽음을 뒤로 미루기 위해 신이나 가족과 타협을 시도하는 단계 • "나를 살려만 준다면……." • 희망과 불안의 감정 공존
4단계 우울	• 죽음을 피할 수 없음을 인지하는 단계 • 깊은 슬픔과 절망의 감정
5단계 수용	• 죽음을 수용하고 삶을 마무리하는 단계 • 마음의 안정과 평온의 감정

해하지 않고, 그 시간 속에서 자신을 돌보고 성장시킬 수 있는 능력이죠. 젊음의 경쟁력이 속도에 있다면, 노년의 경쟁력은 고독력을 얼마나 깊이 있게 관리하느냐에 달려 있습니다.

고독력이 잘 형성돼 있다면 노년기에도 충분히 새로운 인생을 시작할 수 있습니다. 중장년기까지는 직장과 자녀 양육, 노부모 부양 등 할 일이 많았다면, 노년기에는 그런 역할에서 벗어나 할 일보다는 하고 싶은 일을 하며 보낼 수 있습니다. 중장년기에 감당해야 했던 많은 역할을 하지 못하게 됐다고 해서 자신이 쓸

모없거나 가치 없어졌다고 생각할 것이 아니라, 그런 역할에서 해방돼 시간적 여유와 축적된 경험과 지혜를 바탕으로 삶을 더 풍요롭게 살 수 있게 됐다고 생각한다면 노년을 좀 더 의미 있게 보낼 수 있을 것입니다.

미국에서 가장 사랑받은 화가 중 한 명인 모지스 할머니는 76세에 한 번도 배운 적 없는 그림을 그리기 시작해 101세에 세상을 떠나기 직전까지 왕성하게 활동하며 작품을 1,600여 점 남겼습니다.《인생에서 너무 늦은 때란 없습니다》라는 책을 써 많은 이에게 감동을 주기도 했고요.

동화작가이자 그림작가인 타샤 튜더 역시 92세로 생을 마칠 때까지 버몬트의 깊은 산골에 지은 18세기풍 농가에서 정원을 가꾸며 자급자족했는데요. 이런 그녀의 삶은 전 세계 사람들에게 많은 영향을 줬습니다.

또 노년기에도 가정에서 훌륭한 조부모의 역할을 할 수 있습니다. 맞벌이 가정이 많아지면서 자녀 세대의 양육 부담을 덜어줄 수 있는 조부모의 역할이 중요해졌습니다. 조부모는 풍부한 경험과 지혜를 바탕으로 중요한 가치를 전달하고, 좀 더 넓고 다양한 시각을 제시하며, 자녀와 손자녀의 고민을 해결하고 결정을 내리는 데 조언하고 도움을 주고 격려할 수 있습니다. 조부모의 사랑과 지지는 손자녀에게 안정감을 주고 자신감을 키워주며

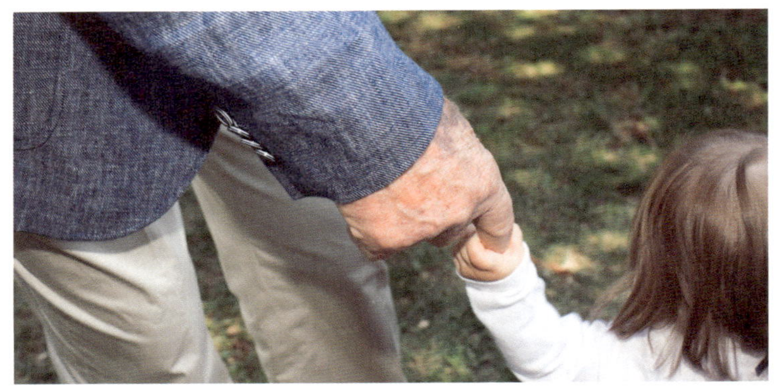
노년기에는 가정에서 훌륭한 조부모의 역할을 할 수 있습니다.

정서 발달에도 긍정적 영향을 미칩니다.

조부모 또한 손자녀에게 긍정적인 영향을 받을 수 있습니다. 부모 역할은 축소됐지만 조부모의 역할은 커지는 만큼 다시 한 번 부모가 되는 경험을 통해 삶의 의미를 찾을 수 있죠. 손자녀를 통해 유행하는 노래나 신조어, 디지털 기술 등을 경험하며 사회 변화에 뒤처지지 않을 수 있고요.

결론적으로 노년기에는 인생을 돌아보며 죽음을 준비하고, 불필요한 시간, 물건, 인간관계는 정리합니다. 조부모로서, 사회의 어른으로서 역할을 담당하며, 후회나 미련이 남지 않도록 하고 싶은 일을 한다면 매우 의미 있고 활기찬 노년을 보낼 수 있을 것입니다.

노년기 나를 돌아보기

저장강박증 자가 진단 체크

- ☐ 물건을 버리기 어렵다.
- ☐ 집 안이 물건으로 가득 차 있다.
- ☐ 누가 내 물건을 건드리면 화가 난다.
- ☐ 어디에 뭘 뒀는지 찾을 수 없다.
- ☐ 물건이 늘어나지 않으면 기분이 나쁘다.
- ☐ 쌓아둔 물건 때문에 지나다니기 힘들다.
- ☐ 쓰지 않더라도 물건을 버리지 않는다.
- ☐ 한 번도 쓰지 않은 물건이 아주 많다.
- ☐ 물건 하나하나가 소중한 보물처럼 여겨진다.
- ☐ 빈 공간을 보면 뭔가로 채우고 싶다.
- ☐ 추억이 담긴 물건, 기념품 등은 무조건 보관한다.
- ☐ 다른 사람이 내 물건을 달라고 하면 기분이 나쁘다.
- ☐ 필요하지 않더라도 누가 물건을 주면 다 받아 온다.
- ☐ 물건을 버리려고 생각하면 심하게 불안하고 힘들다.
- ☐ 당장 필요하지 않더라도 좋아 보이면 무조건 사고 본다.

▶ 15개 항목 중 10개 이상 해당된다면, 자신의 정리 습관을 돌아볼 필요가 있습니다.

노년기, 시간 정리는 이렇게!

노년기에는 무엇보다 건강관리에 신경을 써야 합니다. 건강해야 뭐든 할 수 있으니까요. 몸에 좋은 식재료로 영양가 있는 음식을 만들고, 공간을 청결하고 위생적으로 관리하는 데 시간을 보내야 합니다.

나이가 들어서까지 이런 집안일을 하는 데 시간을 보내는 것이 아까울 수도 있지만, 자신을 돌보는 일이므로 남녀 상관없이 모두 해야 하고 의미가 있습니다. 특히 몸에 좋은 것을 먹고, 몸에 좋지 않은 것을 피하는 것은 건강과 직결됩니다. 식사를 준비하고 주변을 청결하게 청소하며 신체를 자주 움직이는 일 역시 건강에 좋습니다.

병이 들어 간단한 세수조차 다른 사람에게 맡겨야 하는 경우처럼 자기 일을 스스로 하지 못할 때 큰 좌절감을 느낀다고 합니다. 나이가 들어서도 누구의 도움도 받지 않고 집안일을 해나가고 있다는 사실은 뿌듯해할 만한, 자존감을 높일 수 있는 일이기도 합니다.

대신 그 일이 무리가 가지 않도록 복잡한 요리 대신 생과일, 생채소를 많이 섭취하고, 육류 등을 익힐 때는 굽거나 튀기는 것보다 찌거나 삶는 것이 좋습니다. 빨래나 청소 역시 힘들지 않게 옷 가짓수를 줄이고, 불필요한 물건은 버리고 꼭 필요한 가구와 가전만 남깁니다.

더불어 규칙적으로 생활합니다. 일정한 시간에 일어나고, 일정한 시간에 밥을 먹고, 일정한 시간에 잠자리에 드는 습관을 들입니다. 운동도 시간을 정해 매일 규칙적으로 하는 것이 좋습니다. 걷기, 수영, 스트레칭, 요가, 가벼운 근력운동 등을 하면 근육 유지, 혈액순환, 관절 건강에 도움이 됩니다. 건강검진도 정기적으로 받도록 합니다.

직장과 자녀 양육, 가정생활로 항상 시간이 부족하고 바쁘던 중장년기에 비해, 노년기는 직장에서 은퇴하고 자녀도 독립해 시간 여유가 많습니다. 그런데 중장년기에 오랜 시간을 직장과 자녀를 중심으로 생활해왔기에, 갑자기 늘어난 노년의 시간을 어떻게 보내야 할지 모르는 사람이 많습니다. 추억에 매달리고, 신체적으로나 사회적으로나 전성기는 지나버린 현실에 서글퍼

시간적 여유가 많은 노년기에는 즐겁고 행복한 일을 하며 시간을 보냅니다.

하기 쉽습니다. 노년기에는 신체적, 심리적 건강을 위해서라도 많아진 시간을 의미 있게 보낼 수 있는 활동을 찾는 것이 중요합니다.

중장년기까지는 제일 먼저 중요하고 긴급한 일을 처리했다면, 노년기에는 하고 싶지도 않고 행복하지도 않은 일은 굳이 하지 않습니다. 대신 독서, 음악 감상, 그림 그리기, 글쓰기, 수영, 골프, 외국어 공부 등 평소에 하고 싶었거나 마음이 즐겁고 행복한 일을 하며 시간을 보냅니다. 경제활동에서 행복을 느낀다면 노인 일자리를 알아볼 수도 있을 것입니다. 노년의 시간 관리는 얼마나 많이 일했는가보다 어떤 마음으로 하루를 살았는가를 돌아보는 과정입니다. 시간은 줄어들지만, 삶의 깊이는 더 커질 수 있도록 말입니다.

노년기 외로움이나 고독감, 우울감은 사람들과의 교류를 통해 완화될 수 있으므로 부부가 함께 즐거운 일을 하거나 시간을 내 정기적으로 가족, 친구를 만나는 것이 좋습니다. 함께 취미 활동을 할 수 있는 모임이나 봉사활동에 참여하면, 즐거움도 얻고 보람도 느끼며 외로움도 줄이고 사회관계를 유지할 수 있어 더욱 좋습니다.

식물이나 동물을 키우는 일도 정서 안정과 스트레스 해소에 좋습니다. 특히 반려동물을 키우면 반려동물과 정서적 교감을 나눌 수 있고, 기분 전환이 되고, 반려동물을 키우는 다른 사람들과의 교류도 늘어납니다. 돌봐야 하는 대상이 있다는 것에 책임감을 느껴 삶의 의미를 찾을 수 있습니다. 반려동물의 식사를 챙기고, 씻기고, 산책시키며 덩달아 규칙적인 생활을 할 수 있고 신체 활동이 늘어나 건강에 도움이 됩니다. 반려동물을 키우기 전에는 하루가 길고 무료하기만 했다면, 이제는 반려동물이 주는 소소한 행복과 즐거움에 하루가 짧게 느껴집니다. 반려동물은 노년기 삶의 활력소이자, 반려라는 말 그대로 삶의 동반자 역할을 할 수 있습니다.

하지만 반려동물을 키우는 일은 비용이 들고, 아이를 키우는

반려동물은 노년기 정서 안정에 많은 도움이 됩니다.

것과 같아서 하나부터 열까지 손이 많이 가고 체력이 필요합니다. 사람이 먼저 세상을 떠나거나 건강에 이상이 생겨 더 이상 돌보지 못하면 다른 가족이 돌봐야 하고요. 반려동물이 먼저 세상을 떠날 경우, 가족을 잃은 것과 같은 큰 슬픔과 상실감을 느길 수 있습니다. 그러므로 반려동물을 키우는 일은 여러 상황을 고려해 신중하게 결정하세요.

한편 디지털 기술이 날로 발전하면서 스마트폰, 키오스크, 인터넷 등을 사용하지 못하면 정보에 어둡고 생활에 불편을 겪는 경우가 많아졌습니다. 그 속도를 꼭 따라가야 하는 것은 아니지만, 디지털 기술은 길 찾기, 배달 음식 주문, 공연이나 기차표 예매, 인터넷쇼핑 등 생활과 밀접하게 연관이 있습니다.

디지털 기술을 익히면 단순히 생활만 편리해지는 것이 아니라 시간과 공간의 제약을 받지 않고 사람들과 소통할 수 있습니다. 유튜브, SNS 등 디지털미디어를 통해 새로운 즐거움을 얻기도 하고, 디지털 기술을 활용해 새로운 취미를 즐기거나 창작자가 돼 다른 사람들에게 도움을 주거나 경제활동을 할 수도 있죠. 시니어 디지털 교육도 많으니 디지털 기술을 익히는 데 시간을 투자하는 것도 좋습니다.

노년기에 규칙적으로 하기 좋은 운동

1 걷기

가장 간단하지만, 가장 효과적인 운동입니다. 긴 시간 앉아 있는 것은 노년기뿐만 아니라 모두의 건강에 좋지 않습니다. 관절염이나 체력 저하로 다리가 아프다고 걷지 않으면 근육이 빠지고 점점 걷기가 힘들어집니다. 매일 적어도 30분에서 1시간 정도 걸으면 근육도 생기고 심장과 폐, 혈액순환에도 좋습니다. 개인차가 있으므로 무리하지 않는 선에서 걷기 운동을 시작하고, 조금씩 늘려가거나 유지합니다.

2 가벼운 근력운동

바르게 서고 걷기 위해서는 근력이 중요합니다. 특히 하체 근육이 약해지면 중심 잡기가 힘들고 잘 넘어질 수 있습니다. 노년기 낙상으로 인한 손상은 회복이 느리고, 넘어질 때 바닥에 머리를 부딪히면 뇌출혈과 같은 심각한 해를 입을 수 있는 만큼 근육을 키워 중심을 잘 잡고 넘어지지 않도록 합니다. 앉았다 일어나는 스쾃운동, 가벼운 덤벨이나 밴드를 이용한 운동을 꾸준히 해서 근력을 유지합니다.

3 **스트레칭**

스트레칭은 집에서 아무 때나 편하게 할 수 있어 좋습니다. 나이가 들수록 몸이 뻣뻣하고 유연성이 떨어져 다치기 쉽습니다. 허리를 숙여 신발 끈을 매거나 바닥에 떨어진 물건을 줍는 단순한 동작을 하다가도 허리를 삐끗할 수 있죠. 평소 스트레칭을 통해 근육을 늘리고 유연성을 기르는 것이 좋습니다.

4 **수영**

수영은 관절에 무리가 적고 근력을 강화하고 심폐기능을 높여줍니다. 부력과 호흡은 마음을 안정시켜 스트레스와 우울증세를 완화해 수면의 질을 높여줍니다. 규칙적인 수영은 생활 리듬을 회복시키고, 자존감과 자신감을 높입니다. 수영장은 사회관계를 유지하고 소속감을 회복시키는 장이 됩니다.

5 **요가와 필라테스**

요가와 필라테스 역시 근육과 유연성을 길러주는 데 좋습니다. 요가와 필라테스 동작은 균형감각과 코어근육을 키워줄 수 있습니다. 호흡운동을 하면 스트레스가 줄어들고 마음도 안정됩니다.

안전하고 편안한 공간 조성하기

노년기에 하루 대부분을 보내는 집은 가장 편안하고 안정감을 주는 곳이어야 합니다. 물건으로 가득 차 있거나 복잡하면 편하게 쉴 수 없고, 집안일을 하는 데 많은 시간과 힘이 듭니다. 불필요한 물건을 모두 버려, 점점 버거워지는 집안일을 줄이고 공간을 편안하고 여유롭게 활용할 수 있도록 합니다.

추억이 깃들어 있어 버리기 아까운 물건은 가족과 함께 정리하며 추억을 공유한 뒤 사진으로 남기고 비웁니다. 노년기에 불필요한 물건을 비우는 일은 살아 있는 동안 좀 더 편안하게 생활하기 위함이기도 하지만, 죽음 이후 남은 가족에게 자신이 남긴 쓰레기를 치우게 하는 수고를 덜어주기 위해서이기도 합니다. 죽음 이후 가족이 자신의 물건을 정리하는 데 어려움을 겪지 않도록 꼭 필요한 물건만 남기는 것이 좋겠죠.

노년기에는 체력이 저하되고 근육이 약해지는 만큼 일상적인 동작조차 사고로 이어지기 쉽습니다. 특히 노년기 낙상 사고는 가정에서 가장 많이 발생합니다. 가장 안전해야 할 집이 가장 위험할 수도 있는 것입니다. 그러므로 낙상의 위험을 줄일 수 있도록 공간을 안전하게 구성해야 합니다.

- 한 해 낙상 사고의 70퍼센트 이상이 60대 이상 노인에게서 발생
- 노인 낙상 사고의 50퍼센트 이상이 가정에서 발생
- 가정에서 노인 낙상 사고가 제일 많이 발생하는 곳은 거실과 화장실
- 노인 낙상 사고가 가장 많이 발생하는 계절은 겨울
- 노인 낙상 사고는 매년 증가하는 추세로, 응급실 방문 노인 환자 네 명 중 한 명이 낙상 사고와 관련
- 고령일수록 낙상 사고로 사망할 위험이 최대 40퍼센트 증가

예를 들어 노년기에는 앉았다 일어나는 것이 쉽지 않으므로 바닥 생활보다는 침대나 소파, 의자 등을 활용한 입식 생활을 하는 것이 좋습니다. 침대가 너무 높으면 내려오다 낙상할 위험이 있으므로 엉덩이 높이 정도로 조정합니다. 의자도 팔을 짚고 쉽

게 일어날 수 있는 높이가 좋고, 등받이와 팔걸이가 있는 것이 안전합니다.

자주 사용하는 물건은 손이 잘 닿는 위치에 정리합니다. 허리를 숙이거나 높은 곳에 올라가지 않아도 되도록 낮은 가구를 배치합니다. 가구 사이의 거리가 좁으면 동선이 복잡하고 넘어지면 가구에 부딪힐 위험이 있습니다. 쓰지 않는 가구나 장식품은 줄이고, 최소한의 가구만 남겨 가구 사이의 거리가 좁지 않도록 합니다.

전선, 러그 등은 걸려 넘어지지 않도록 잘 정리합니다. 문턱이 낮다 하더라도 걸려 넘어지거나, 휠체어를 탈 때 장애가 될 수 있으므로 가능하면 문턱을 없앱니다. 집이 어두워 넘어지지 않도록 전체적으로 밝고 따뜻한 조명을 설치합니다. 화장실 바닥에는 미끄럼 방지 패드나 스티커를 붙이고, 욕조나 변기 옆 벽에는 일어날 때 붙잡을 수 있는 손잡이를 달면 좋겠죠.

물건은 찾기 쉽도록 정리합니다. 노년기에는 기억력이 저하되므로 무슨 물건을 보관했는지 알기 쉽도록 라벨링을 합니다. 물건 위치를 수첩에 메모해놓거나 사진을 찍어두는 방법도 있습니다. 영양제나 만성질환 약은 잊지 않고 복용할 수 있도록 정수기나 냉장고 옆에 모아서 보관하세요. 복용 방법이나 약 이름을 크게 써 붙여서 잘못 복용하는 일이 없도록 합니다. 응급 상황에

집 안 작은 정원을 마련해 편안함을 느껴보세요.

대비해 가족 연락처는 잘 보이는 곳에 붙여둡니다.

안전한 것도 중요하지만, 고령이 될수록 외출이 쉽지 않고 집에 머무는 시간이 많아지니 편안함과 즐거움을 느낄 수 있는 공간을 만드는 것도 중요합니다. 예를 들어 햇살이 잘 드는 창가에 의자와 테이블을 두면 햇볕을 쬐며 차를 마시거나 책을 읽을 수 있겠죠. 식물을 좋아한다면 베란다나 거실 한쪽에 작은 정원을 꾸며보세요. 공기정화도 되고 생명감도 느낄 수 있습니다.

이처럼 노년기에는 불필요한 것은 비우고 공간도, 삶도 좀 더 단순하고 가볍게 정리하면 남은 날을 보다 편안하고 안전하며 여유롭게 보낼 수 있습니다.

노년기 공간 정리

안전한 공간 만들기

1 **욕실 미끄럼 방지 패드와 안전 손잡이 설치**

집 안에서 낙상 사고가 가장 빈번히 일어나는 곳 중 하나가 욕실입니다. 물기가 있고 타일 바닥이 미끄러워 미끄러지기 쉽죠. 넘어지면서 세면기, 변기, 타일에 부딪힐 경우, 골절이나 뇌출혈 같은 심각한 부상을 입을 수도 있어요. 반드시 미끄럼 방지 패드를 깔고, 샤워기나 변기 옆에는 손잡이를 달아주세요. 비상 버튼을 설치하는 것도 좋습니다.

2 **화재경보기와 소화기 설치**

화재와 같은 비상 상황에 대비해 화재경보기와 소화기, 스프링클러 등을 설치하고 주기적으로 이상이 없는지 점검을 받습니다. 응급 상황 시 필요한 의약품과 의료용품도 꺼내기 쉬운 곳에 패키지로 만들어 보관합니다.

3 **밝고 따뜻한 자동 센서 조명**

나이가 들수록 시력이 저하되고 동공반사가 느려져 어두운 곳에 눈이 빠르게 적응하기 힘듭니다. 어두운 곳에 있는 가구나 장애물을 발견하지 못하고 넘어지지 않도록 거실, 화장실, 주방에 자동 센서 조명을 설치합니다. 집 안이 어두우면 기분도 우울해질 수 있으니 침대나 소파 옆 손 닿는 곳에는 스탠드를 놓으세요. 밝고 따뜻한 조명이 심리적 안정감을 줄 것입니다.

4 **안전장치 설치**

가구 안전장치는 낙상, 부상 예방을 위해 필수적입니다. 부딪혀도 크게 다치지 않도록 모서리 보호대를 설치합니다. 서랍에는 스토퍼를 설치해 서랍이 갑자기 빠지지 않도록 합니다. 멀티탭 커버와 전선 정리함으로 감전과 화재를 예방합니다. 손잡이, 난간, 보조대를 설치해 이동 안정성을 높이면 자립 생활이 좀 더 쉬워집니다. 특히 화장실로 가는 복도에 안전 바를 설치하면 밤에도 화장실을 안전하게 다녀올 수 있습니다.

Q&A

Q　자녀에게 어떤 물건을 물려주면 좋을까요?

A　부모님이 돌아가신 후 정리할 물건이 많으면 자녀가 비우고 처리하기 부담스러울 수 있습니다. 미리 물건을 비우고 정리해 부담을 덜어주세요. 그렇지만 부모님의 흔적이 모두 사라진다면 이 역시 아쉬울 것입니다. 의미 있는 부모님 물건 하나 정도는 갖고 싶어 할 수 있으므로 미리 자녀에게 물려줄 물건을 정해놓는 것도 좋겠죠.

어떤 물건을 물려주면 좋을지는 개인마다 다르겠지만, 일반적으로는 부피가 크지 않고 시간이 지나도 변하지 않는 물건이 좋습니다. 예를 들어 옷이나 신발은 유행을 타서 자녀가 착용하지 못할 수 있고, 보관만 하면 변형이 생길 수 있어 물려주기 적합하지 않습니다. 손수건, 스카프 정도가 실제로 사용할 수도 있고 간직하기에도 좋습니다.

반지, 목걸이, 시계, 만년필 같은 물건은 부피가 크지 않고 보관도 편할 뿐 아니라 시간이 지나도 변하지 않아 물려주기에 적합합니다. 부모님 생각이 날 때 꺼내 보며 추억하기도 좋고, 실제로 사용하기에도 부담이 없습니다. 부모가 자필로 쓴 자녀에게 힘이 될 문장이나 편지, 자녀에게 해주고 싶은 말이 담긴 책 한 권 등도 의미가 깊을 것입니다. 특히 전하고 싶은 문구가 있는 페이지를 표시해두면 더 의미가 있겠죠.

오래도록 간직하기에 부담이 없고 부모님을 추억하고 힘을 얻을 수 있다면 그 어떤 물건이든 상관없을 것입니다.

에필로그

멈추지 않는 정리 여정, 리셋된 삶

책의 마지막 장을 덮는 지금, 여러분의 마음속에는 어떤 변화의 씨앗이 자라고 있나요?

이 책을 펼치기 전, 정리한다고 했는데 정리되지 않은 듯한 답답한 마음과 시간에 쫓겨 늘 찾아오는 피로감, 그리고 물건에 둘러싸인 무력감 속에서 하루를 보냈나요? 지금은 뭔가를 가볍게 시작해도 괜찮다는 생각이 드나요?

옷장 한구석을 비우며 생긴 여유는 단순한 빈자리가 아니라 '선택의 자유'와 '여유로운 아침 시간'이 됐을 것입니다. 책상 위 서류를 정리하면서 복잡했던 생각이 정리되고, 진심으로 하고 싶은 일과 가치 있는 일에 집중할 수 있는 에너지를 되찾았을 것입니다.

무엇보다 중요한 변화는 오랫동안 마음을 짓눌러온 과거의 물건과 미완의 과제, 이미 끝난 관계에서 벗어나 삶을 다시 주도할 수 있게 됐다는 점입니다. 이제 더 이상 쓸데없는 생각에 사로잡혀 있거나, 원하지 않는 일을 하며 시간을 낭비하거나, 물건의 노예가 돼 스트레스를 받을 필요가 없습니다. 정리는 내 것부터, 쉬운 것부터, 작은 공간부터 시작하면 됩니다. 정리라는 무거운 마음의 문을 연 것만으로도 삶을 스스로 관리할 수 있는 리셋 버튼이 켜진 것입니다.

영아기부터 노년기까지 생애주기를 따라 생각, 시간, 공간을 함께 정리한 이유는 분명합니다. 정리는 단 한 번의 이벤트로 끝나는 것이 아니라, 변하는 삶에 맞춰 꾸준히 조율해나가는 지속 가능한 삶의 기술이기 때문입니다. 삶은 끊임없이 움직이지만, 생각과 공간은 종종 과거의 습관에 머물러 있습니다. 그 간극이 커질수록 삶은 필연적으로 멈추고, 관계는 꼬이며, 시간은 낭비됩니다. 이제 여러분은 그 간극을 좁히고 삶의 방향을 전환할 수 있는 리셋 버튼을 쥔 당당한 주체자입니다. 공간이나 물건에 휘둘리지 않고, 삶을 스스로 관리할 수 있는 전문가가 된 것입니다.

제가 정리수납 교육 및 서비스 사업을 해야겠다고 생각한 것은 2000년도 캐나다 법인 대표로 발령받아 근무할 때였습니다. 어느 날 TV 프로그램을 통해 정리수납 전문가라는 직업이 있다는 것을 알았습니다. 그때만 해도 제 물건을 다른 사람이 정리해준다는 것을 생각해본 적이 없었습니다. 그 프로그램은 제가 주저하지 않고 직업과 삶을 바꿀 만큼 큰 충격과 희망이 됐습니다.

제가 걸어온 길은 단순히 정리 노하우를 전파하는 것에 그치지 않았습니다. 우리나라의 주거 환경과 생활 문화가 어떻게 변해왔는지를 현장에서 지켜보며, 우리나라 최초로 정리수납 전문가라는 직업을 창직했습니다. 2015년 《한국직업사전》에 정리수납 전문가라는 직업이 등록됐고, 2021년 고용노동부의 《기발굴 신직업 실태 조사 및 개선방안 연구》에서 정리수납 전문가는 민간 차원에서 교육을 통한 인력 양성, 취업처 발굴, 기업과의 연계, 해외 진출 등 다각도의 직업 활성화에 성공한 사례로 발표됐습니다.

"정리가 직업이 된다고요?"

"자기 물건은 자기가 정리하는 거 아닌가요?"

제가 처음 정리수납 사업을 시작했을 때 가장 많이 받은 질문입니다. 하지만 저는 정리수납 전문가라는 직업과 정리수납 사업의 필요성을 단 한 번도 의심해본 적이 없습니다. 1983년 미국에서 시작된 정리수납 산업이 유럽과 일본을 비롯해 각 나라에서 직업으로, 사업으로 자리 잡았듯 한국에서도 이 변화는 시대의 흐름이라고 생각했습니다. 가족이나 지인의 도움을 받았던 이사가 전문 포장 이사로 바뀌고, 음식과 생필품이 배달되는 시대에 정리는 단순한 취미가 아니라 사회적·문화적으로 가치가 높은 전문직으로 발전할 수 있다고 생각했습니다.

이런 확신을 바탕으로 2011년 한국정리수납협회(www.kapo100.org)를, 2012년에는 ㈜덤인(www.dumin.co.kr)을 설립했습니다. 정리수납 교육, 서비스, 산업화의 표준을 만들었으며, 정리수납 전문가를 약 16만 명 배출하는 놀라운 성과를 이뤘습니다. 한국정리수납협회는 단순히 물건을 정리하는 것을 넘어, 다음과 같은 사회적 가치를 창출하고 있습니다.

경력 단절 여성의 재도약을 돕는 일부터 시작했습니다. 많은 여성이 이 직업을 통해 일자리를 찾거나 창업해 경제적 자립과 함께 삶의 질을 높이고 자존감을 회복했습니다. 정리수납 전문가는 여성의 섬세함과 공감 능력이 가장 큰 경쟁력인 직업입니다.

사회 공헌 활동을 위해 2013년 창립된 콩알봉사단은 정리수납 서비스를 제공함으로 취약계층의 주거 환경을 개선함으로, 안전과 건강을 찾아줬습니다. 또한 장애인을 대상으로 정리수납 무료 교육을 꾸준히 이어가고 있습니다. 정리 문화가 단순한 소비를 넘어 나눔과 배려의 사회적 가치로 확장되는 현장을 직접 만들었습니다.

교육과 문화 분야에서도 변화를 꾀했습니다. 정리문화체험관을 통해 학생에게는 정리 체험학습을, 전문가에게는 현장실습을, 일반인에게는 생활 코칭을 제공하며 정리를 문화와 교육의 장으로 넓혀왔습니다.

이런 노력과 발전을 통해 2015년에는 중국, 2025년에는 캐나다로 진출해 'K-정리'라는 이름으로 정리수납 교육 프로그램과 서비스 시스템을 알렸습니다. 중국 중산기술전문대학교는 2024년부터 정리수납을 전공필수 과목으로 개설해 현재 20학점으로 운영하고 있습니다.

이 모든 과정에서 제가 얻은 가장 큰 깨달음은 정리의 성패가 도구나 기술이 아닌 삶을 바라보는 철학과 그것을 유지하는 시스템에 달려 있다는 것입니다. 이 책은 바로 그 철학을 담고 있습니다. 정리는 단순한 습관이 아니라 자신을 이해하고 삶을 경영하는 태도입니다.

생각 정리는 삶의 방향과 우선순위를 끊임없이 질문하게 만들고, 시간 정리는 진정으로 가치 있는 활동에 집중하도록 삶의 리듬을 재조정하며, 공간 정리는 이 모든 변화와 새로운 습관을 안정적으로 담아낼 그릇을 만듭니다. 이 세 가지는 삶의 운영 시스템입니다.

정리의 시작은 언제나 생각 정리에서 비롯됩니다. 불필요한 걱정과 미련, 집착을 걷어내야 진짜 삶의 기준이 세워집니다. 그 명료함이 있어야 시간 정리도, 공간 변화도 의미가 있습니다. 시간 정리는 낭비되는 하루를 회수하고, 늘 바쁘기만 한 삶에서 벗어나 계획된 목표를 향해 우선순위를 다시 세우는 일입니다. 공간 정리는 이 모든 변화를 담을 삶의 그릇을 만드는 과정입니다. 물건을 다루는 방식을 통해 우리는 소비 습관과 관계, 그리고 생활 방식을 돌아봅니다. 그 결과, 새로운 생각과 습관이 자연스럽게 자리를 잡습니다.

여러분의 삶 속에서 이 세 가지 축이 이미 작동하기 시작했을 것입니다. 정리된 공간은 시간을 아껴주고, 정리된 시간은 마음의 여유를 돌려주며, 정리된 마음은 인생 전체를 새롭게 빚어냅니다. 여러분은 더 이상 과거의 흔적 속에 머무르지 않습니다. 현재의 자신에게 어울리는 새로운 삶을 주도적으로 설계합니다.

저는 수많은 가정을 컨설팅하며 깨달았습니다. 신혼기의 정리는 부부의 기준을 세우는 일이고, 육아기의 정리는 아이의 정서 안정의 기초가 되며, 노년기의 정리는 자녀에게 부담을 남기지 않는 품격 있는 자기 관리의 실천입니다. 정리는 관계를 회복시키고, 삶을 새롭게 하는 가장 실용적인 철학입니다. 이제 여러분도 그 철학의 주체가 되는 것입니다.

이 책을 덮더라도 정리의 여정은 끝나지 않습니다. 정리는 완성이 아니라 과정이며, 멈춤이 아닌 흐름입니다. 인생은 여전히 진행 중이며, 여러분의 삶은 아직 완성되지 않은 가장 아름답고 소중한 작품입니다. 여러분은 이 작품의 다음 장을 새롭게 써 내려갈 유일한 예술가입니다. 이 책이 여러분의 손을 떠나더라도, 일상 곳곳에서 정리라는 이름의 리셋 버튼이 여러분의 삶을 다시 빛나게 하리라 믿습니다. 버림의 자유, 바르게 채움, 나눔의 행복을 자기 것으로 만드는 순간, 자신을 살리고 관계를 살리고 인생을 살리는 정리 주치의가 될 것입니다.

여러분의 삶이 정리된 질서 속에서 언제나 따뜻하고 견고하게 빛나길 바랍니다. 정리는 삶을 회복시키는 원동력이 돼 생각, 시간, 공간에 긍정의 에너지를 불어넣어줄 것입니다. 정리로 시작되는 여러분의 인생 리셋을 진심으로 응원합니다.

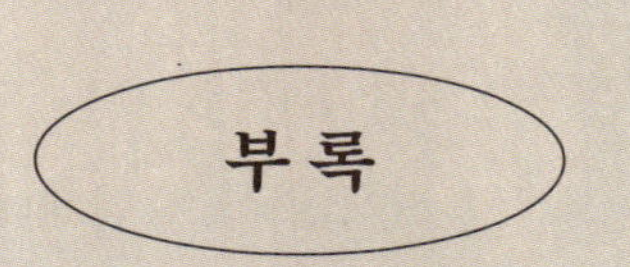
부록

1
나를 위한 엔딩노트

2023년 통계청 발표 기준으로, 기대수명이 83.5세에 이르렀습니다. 여자의 평균 기대수명은 86.4세로, 남자의 80.6세를 앞지르는 것으로 조사됐습니다. 기대수명이란 0세 출생자가 향후 생존할 것으로 기대되는 평균 생존 연수입니다. 평균적으로 얼마나 오래 사는지를 나타낸 것으로 평균수명이라고도 합니다.

하지만 평균수명은 단지 평균에 불과합니다. 죽음은 언제 찾아올지 알 수 없으며, 단 한 가지 분명한 것은 누구에게나 반드시 온다는 것뿐입니다.

죽음의 순간을 어떻게 맞이하면 좋을까요? 준비되지 않아 허둥지둥 당황할 수도 있고, 그 순간이 오는 것이 두려워 마냥 모르는 척할 수도 있고, 제대로 준비할 수도 있습니다. 누구에게나 죽음의 순간이 온다면, 마지막 순간을 위해 준비하면 어떨까요?

제대로 준비해서 인생을 마무리한다면, 죽음도 마냥 두려운 존재가 아니지 않을까요?

엔딩노트는 자신의 인생을 돌아보고, 남은 삶을 준비하며, 가족과 사회에 남기고 싶은 메시지를 기록하는 생전 정리 노트를 말합니다. 유럽에는 비슷한 개념의 라이프 레터(Life Letter), 리빙 윌(Living Will), 어드밴스 케어 플랜(Advance Care Plan)이 있습니다.

엔딩노트는 단순히 죽음을 준비하기 위한 문서가 아니라, 어떻게 살고 어떻게 떠나고 싶은지를 스스로 정리하는 삶의 설계서입니다. 우리가 물건을 정리하듯, 인생의 마지막 장면을 미리 디자인함으로써 두려움 대신 존엄과 평온으로 삶을 마무리할 수 있게 돕는 도구입니다.

엔딩노트는 유언장과 달리 법적 효력보다는 감정적·인격적 가치를 중요시합니다. 즉 재산 분배를 위한 문서가 아니라, 나답게 마무리하기 위한 기록입니다. 실제로 일본에서는 서점이나 문구점에서 엔딩노트를 살 수 있고, 지자체에서 고령자에게 보급하기도 합니다. 일본의 미야자키현 미야자키시에서 보급되는 엔딩노트의 이름은 '내 마음을 전하는 노트(わたしの想いをつなぐノート)'라고 합니다.

많은 사람이 엔딩노트를 늙거나 병들었을 때 쓰는 것이라 생각합니다. 하지만 엔딩노트는 죽음을 준비하는 기록으로, 남은 삶을 더 주체적으로 살아가기 위한 자기 성찰 노트입니다. 즉 어떻게 살아가고 싶은지를 묻는 시점에 쓰는 것이 가장 바람직합니다. 오히려 '아직 젊으니까, 아직 시간이 많으니까'라는 생각이 삶의 중요한 순간을 흘려보내게 만듭니다. 노년기나 죽음을 앞둔 시점만이 아니라, 삶의 전 과정에서 자신을 돌아볼 수 있는 시기마다 쓰는 것이 이상적입니다.

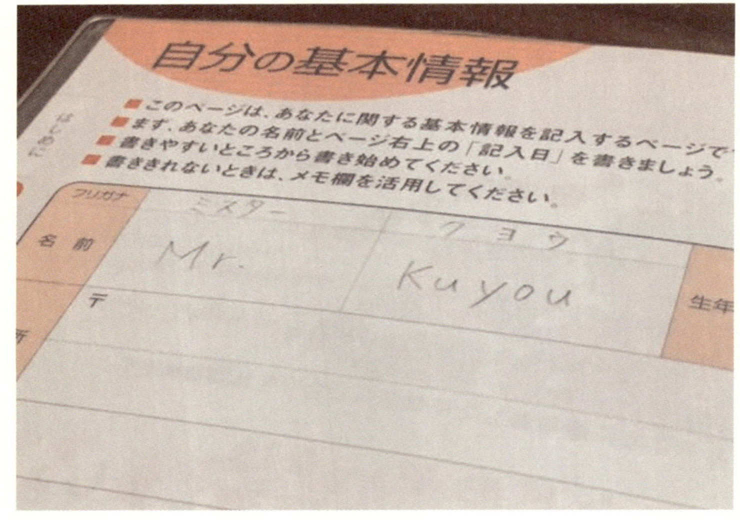

엔딩노트를 쓰기 좋은 시점

시점	이유와 효과
큰 변화를 맞이할 때	결혼, 이사, 퇴직, 자녀 독립 등 인생의 전환기마다 나를 정리하는 시점
건강 이상을 느낄 때	병이나 노화의 징후를 느낄 때, 삶의 질과 의료 선택을 돌아보는 기회
가족의 변화를 경험할 때	부모님의 죽음, 자녀 출산 등 생사 순환을 체감할 때 삶의 의미를 정리
마음이 혼란스러울 때	방향을 잃었을 때 마음 정리 수첩 역할
지금, 평범한 일상에서	특별한 이유가 없어도, 오늘의 나를 기록하는 것이 바로 엔딩노트의 시작

생애주기별 엔딩노트 내용

생애주기	내용
청년(20~30대) **방향을 세우는 노트**	• 뭘 위해 살고 싶은가? • 내게 중요한 사람은 누구며, 중요한 가치는 무엇인가? – 청년기의 엔딩노트는 죽음 준비가 아니라 삶의 방향과 목표를 명확히 세우는 인생 설계 – 꿈과 가치관을 글로 정리하면 자신만의 나침반을 가질 수 있음 *예시: 이루고 싶은 일 10가지, 감사한 사람, 좌우명*
중년(40~60대) **관계와 재정 정리**	• 가정, 일, 부모 부양, 자녀 교육 등 인생의 무게가 집중되는 시기 • 삶의 정리 점검표 기능 • 공간 정리와 병행 *예시: 재정 현황 점검(보험, 연금, 부채), 건강관리 및 사전연명의료의향, 유품 정리, 생전 정리 계획, 은퇴 후 하고 싶은 일(여행, 취미, 봉사활동)*
노년(60대 이후) **삶의 마무리와** **감사 기록**	• 삶의 마무리, 유산, 장례, 사전연명의료의향을 구체적으로 기록 • 가족에게 전하고 싶은 말 *예시: 가장 행복했던 순간 세 가지, 가족에게 남기는 말, 장례 방식*

엔딩노트 생활화하기

1. 죽음 대신 삶의 언어로 시작하기

만약 내일이 마지막이라면, 오늘 나는 누구에게 고맙다고 말할까? 누구에게 미안하다고 말할까? 이 질문으로 엔딩노트는 시작됩니다.

2. 작은 것부터 적기

매일 감사한 일 세 가지를 적는 것으로 엔딩노트를 시작해봅니다.

3. 정기적 업데이트

생일, 새해, 결혼기념일 등 나를 돌아보는 날을 엔딩노트 점검일로 삼습니다.

4. 가족과 공유하기

다 쓴 엔딩노트는 가족 중 한 사람과 나누거나 보관 장소를 알려줍니다.

5. 공간 정리와 병행하기

물건을 정리하며 마음을 정리하는 생전 정리와 함께하면 효과적입니다.

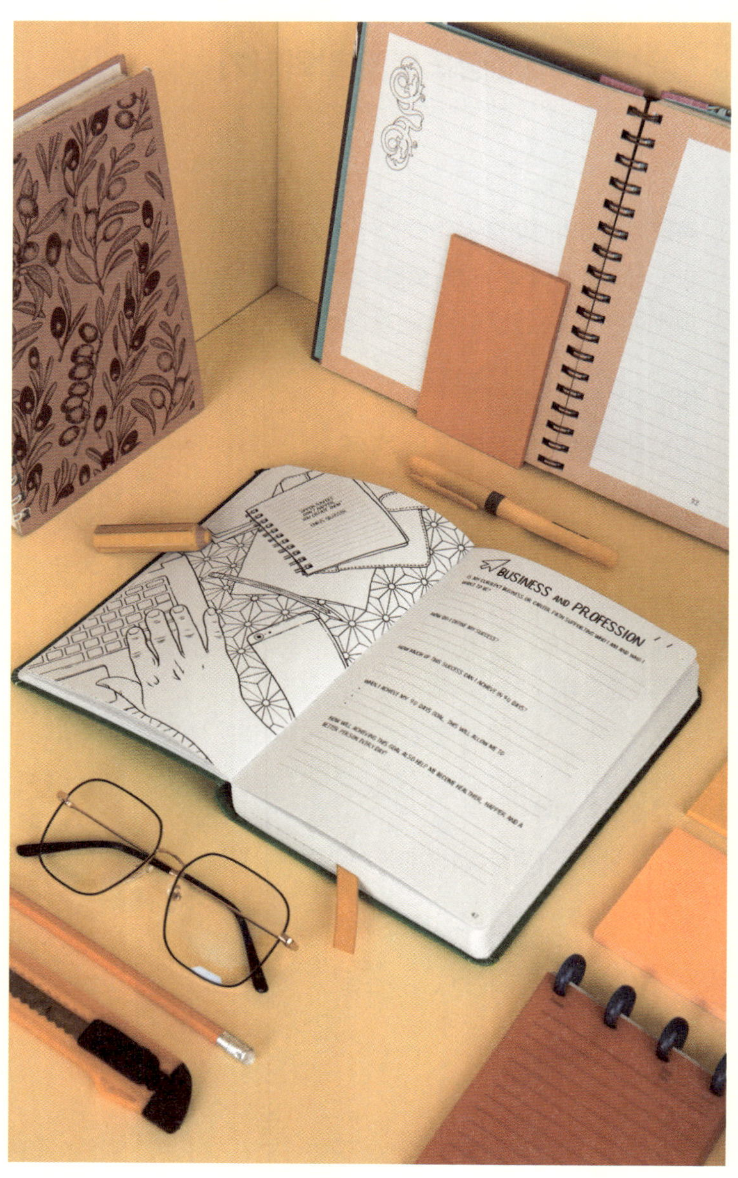
BUSINESS AND PROFESSION

카테고리별 물건 정리

물건 정리는 단순히 버리거나 깨끗하게 하는 것이 아닌, 그 물건에 담긴 추억과 의미를 재확인하며 삶을 돌아보는 과정입니다. 즉 공간 정리가 그동안 살아온 인생을 마무리하는 행위로 이어질 수 있습니다.

이제부터 카테고리를 나눠 스스로 정리할 수 있는 물건 리스트를 만들어봅시다. 이 과정에서 자신에게 필요한 물건은 뭔지, 남겨야 할 물건은 뭔지, 소중한 물건은 뭔지 정리할 수 있을 것입니다. 물건 정리는 남은 삶을 가볍게, 더 의미 있게 살아가기 위한 준비입니다.

카테고리

- 이 책에서 제안하는 엔딩노트는 자기 물건을 스스로 정리해볼 수 있는 체크 노트입니다. 갖고 있는 물건을 하나씩 표에 기입하고, 추억이나 활용도 등의 경중을 따져 처분 유무를 결정합니다.
- 일본의 의사 호사카 다카시는 엔딩노트 이름을 '마음의 대청소'라고 지었습니다. 마음을 청소하는 느낌으로 엔딩노트를 작성해보세요.
- 카테고리를 보고, 해당 페이지에 자신이 가진 물건을 하나씩 적어보세요.

가구와 관련된 물건

품목	특징	사용 빈도	처분 유무	처분 방법
(예) 흔들의자	돌아가신 친정어머니의 선물	일주일에 서너 번	×	×
침대				
책상				
책장				
의자				
식탁				
식탁 의자				
소파				
소파 테이블				
협탁				
장식장				
서랍장				
옷장				
수납장				
거실장				

옷과 관련된 물건

품목		특징	사용 빈도	처분 유무	처분 방법
모자	(예) 야구 모자	10년 전 구매, 빛이 바램	최근 일 년 동안 쓰지 않음	○	폐기
	버킷				
	등산모				
	베레모				
겉옷	코트				
	점퍼, 패딩				
	재킷				
	카디건				
	조끼				
상의	티셔츠				
	블라우스				
원피스					
바지					
치마					
홈웨어					
운동복					
속옷					
액세서리					
신발					
가방					
벨트					
스카프					

식사와 관련된 물건

품목		특징	사용 빈도	처분 유무	처분 방법
식기	(예) 접시	결혼할 때 산 거라 낡음	한 달에 한 번	○	폐기
	공기				
	면기				
	식판				
수저	수저				
	포크, 나이프				
컵, 잔	유리컵				
	머그잔				
	커피잔				
팬, 냄비	프라이팬				
	웍				
	냄비				
	솥				
조리 도구	칼				
	도마				
보관 용기	밀폐 용기				
	도시락통				

전자제품과 관련된 물건

품목		특징	사용 빈도	처분 유무	처분 방법
생활 가전	(예) 건조기	새로 샀음	일주일에 한 번	×	×
	세탁기				
	청소기				
	다리미				
영상 가전	텔레비전				
	스크린				
	빔 프로젝터				
뷰티 가전	헤어드라이어				
	면도기				
계절 가전	공기청정기				
	선풍기				
	제습기				
	전기매트				
주방 가전	냉장고				
	전기밥솥				
	전자레인지				
기타	노트북				
	휴대전화				

책과 관련된 물건

품목		특징	사용 빈도	처분 유무	처분 방법
도서	(예) 전공 서적	대학생 때 샀음	없음	×	×
필기구					

반려동물과 관련된 물건

품목		특징	사용 빈도	처분 유무	처분 방법
옷	(예) 패딩, 조끼	오래전에 샀지만 입음	매년 겨울	×	×
산책용품					
사료					
식기					
목욕용품					
기타					

기타 물건

품목	특징	사용 빈도	처분 유무	처분 방법
(예) 일기장	초등학교 때 쓴 일기	없음	○	사진 찍은 뒤 폐기

2

유품, 이렇게 정리하자

사람은 누구나 빈손으로 왔다 빈손으로 갑니다. 하지만 사는 동안에는 절대 빈손이 아니죠. 많은 물건을 사서 씁니다. 많은 옷을 입고, 많은 신을 신고, 계절마다 다른 이불을 덮고, 크고 작은 가구를 쓰면서 살죠. 사람이 죽고 나면 이 많은 물건이 고스란히 남습니다. 이렇게 고인이 생전에 쓰던 물건을 유품이라고 합니다. 유품 정리라는 말이 알려지기 전까지, 많은 사람이 고인이 남긴 물건을 정리하는 일을 단순한 청소나 물건 처리로 여겼습니다. 그러나 유품 정리는 누군가의 흔적을 지우는 일이 아니라, 고인의 삶을 존중하고 보내주는 마지막 예식입니다.

유품을 정리할 때 모든 것을 버릴 필요는 없습니다. 손때 묻은 물건 하나, 사진 한 장, 손 편지 한 통만으로도 고인은 우리 곁에 따뜻하게 남아 있을 것입니다. 유품 정리는 이별의 행위가 아니라, 기억을 이어가는 정리의 기술입니다.

유품 정리는 남은 사람의 몫입니다. 아무리 고인이 노년기에 정리수납을 열심히 하고, 물건을 늘리지 않고 살았다고 해도, 사람이 살았던 공간에는 당연히 많은 물건이 남게 마련입니다. 이런 유품을 어떻게 정리해야 할지는 누구에게나 큰 고민이 아닐 수 없습니다.

많은 사람이 죽음을 두려워합니다. 그래서 죽음 뒤에 남은 물건인 유품도 불편하게 보는 경우가 많습니다. 단지 버려야 할 것, 지저분한 것, 불길한 것으로 여기는 거죠. 하지만 유품은 고인과의 추억이 있는 물건이고, 고인을 기억할 수 있는 물건이고, 물건만으로도 쓸모가 있는 경우가 많습니다. 이런 의미에서 유품을 잘 정리해 보관하고, 기부하고, 폐기하는 것은 고인은 물론 남은 이들을 위한 일이기도 합니다.

step1. 언제 정리할지를 정한다

장례식 직후에 할 수도 있고, 49재나 일정 기간이 지나고 나서 할 수도 있습니다. 아니면 시간이 지난 뒤 고인이 쓰던 공간을 다른 목적으로 써야 할 때 할 수도 있겠죠. 특별한 사정이 없다면, 너무 급하게 유품을 정리하지 않아도 됩니다. 일단은 고인을 잃은 슬픔을 추스르고, 장례식이라는 큰일을 치르느라 힘들었던 몸을 다독이고, 고인을 기억하세요. 그러고 나서 가족끼리 충분히 의논한 다음에 언제 정리할지 결정하세요.

유품 정리 시기	특징	장점	단점	주의할 점
장례식 직후	장례식 절차는 보통 발인 및 장지 이동으로 마무리된다.	장례식을 위해 가족이 모인 자리에서 할 수 있다.	장례식을 치르느라 힘든 상황이라 어려울 수 있다.	어떤 유품이 있는지 알지 못한 상태에서 꼭 필요하고 중요한 것을 폐기할 수 있으니 주의해야 한다.
49재 이후	고인이 죽은 뒤 일주일마다 일곱 번 지내는 재를 49재라고 한다. 고인이 죽고 50일 정도가 흐른 뒤다.	어느 정도 시간이 흘러 몸과 마음에 여유가 있다.	유품 정리를 위해 가족이 다시 모여야 하는 어려움이 있다.	유품 중 급하게 처리해야 할 서류나 상할 수 있는 음식 등을 방치하지 않도록 주의한다.
고인이 쓰던 공간이 필요할 때	고인의 방이나 집을 정리하거나 처분할 때를 말한다.	시간이 한참 흐른 뒤에 유품을 정리하면 상대적으로 부담이 적다.	시간이 많이 흐른 탓에 어떤 물건을 남기고, 어떤 물건을 버려야 할지 오히려 모를 수도 있다.	시간이 지났다고 해서 유품을 버려야 할 것으로만 취급하지 않게 주의한다.

step2. 물건을 잘 분류한다

고인이 생전 쓰던 물건 중에도 보관할 것이 있고, 보관하지 않을 것이 있습니다. 보관하지 않을 것은 다시 폐기할 것과 기부할 것으로 나눌 수 있습니다. 물건의 가치나 의미를 잘 살펴 보관할 것, 폐기할 것, 기부할 것으로 분류하는 작업이 필요합니다. 매우 주관적인 작업으로, 어떤 사람에게는 보관할 가치가 있는 것이 다른 사람에게는 당장 폐기해야 할 것으로 보일 수도 있습니다.

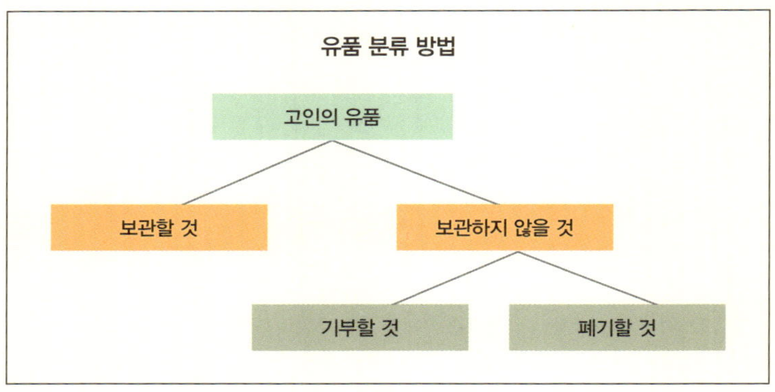

step3. 분류한 물건을 잘 보내준다

고인을 생각하며 물건을 잘 분류했다면, 보관할 물건은 잘 간수합니다. 돌아가신 엄마가 아껴 입던 코트를 다시 입을 수도 있고, 돌아가신 아빠가 정년퇴직할 때 받은 감사패를 두고두고 볼 수도 있겠죠. 보관 방법은 물건의 종류나 가치 등에 따라 달라질 것입니다.

폐기하기로 한 물건은 법에 어긋나지 않게 처리합니다. 폐가구나 폐가전은 대형폐기물 스티커를 사서 붙인 다음 지정 장소에 배출합니다. 순환자원정보센터(www.re.or.kr)에 무료 방문 수거 서비스를 신청할 수도 있습니다.

기부할 물건은 각 수거 전문 업체나 기부 단체에 연락해 처리합니다. 이때 기부가 가능한지, 사용 가능한 물건인지 확인합니다.

step4. 행정 및 사후 절차를 마무리한다

고인의 명의로 된 휴대전화, 인터넷 서비스, 구독 서비스, 금융 서비스 등을 해지하거나 명의이전합니다. 이때 위약금 규정을 확인하고, 필요 서류(사망진단서, 가족관계증명서 등)를 준비해야 합니다. 상속재산 조회 및 상속 관련 법적 절차를 진행할 때는 필요 시 법률 전문가의 도움을 받는 것이 좋습니다.

● 유품 정리 시 유의 사항

유의 사항	내용
감정을 억누르지 않는다	• 정리 도중 눈물을 흘려도 괜찮다. 모두가 정리하는 과정이다. • 유품 정리는 정리의 속도가 아니라 감정의 속도에 맞춰야 한다. • 감정이 북받치면 잠시 멈추고, 고인을 생각하는 시간을 갖는다.
중요한 물건은 즉시 분류한다	• 통장, 귀금속, 신분증, 유언장 등 법적·금전적 가치가 있는 물건은 따로 모은다. • 편지, 사진, 일기 등 감정적 가치가 큰 물건은 상자에 넣고 나중에 결정한다. • 판단이 어려운 물건은 보류 상자에 넣고, 감정이 정리된 후 다시 살펴본다.
가족 간 의견 충돌을 피한다	• 유품을 두고 '이건 내가 가져야 해', '이건 버리면 안 돼'와 같은 다툼이 생기기 쉽다. 그럴 때는 누가 옳은가보다 누구의 마음이 더 아픈가를 먼저 생각한다. • 서로의 감정을 인정하고, 서로의 추억을 존중하는 태도가 필요하다.
고인의 사생활을 존중한다	• 고인의 일기, 편지, 휴대전화, 서류 등은 읽거나 공개하기 전에 반드시 함께 상의한다. • 유품에 가족도 몰랐던 개인의 내면이 담겨 있을 수 있다. 함부로 공개하거나 판단하지 않고, 고인의 의도를 존중하는 것이 진정한 예의다.
기증, 폐기는 숙고 후 결정한다	• 감정이 정리되지 않은 상태에서 무작정 버리면 후회가 남는다. • 기증은 가족 모두가 동의한 후 진행하며, 사용처를 명확히 확인한다. • 누군가에게 다시 쓰이면 이별의 슬픔을 감사로 바꾸는 힘을 얻을 수 있다.

● 유품 정리 체크리스트

항목	내용	확인
1. 사전 준비 및 계획		
정리 시기 결정	장례 후 가족이 정서적으로 안정된 시기(일반적으로 49재 이후 권장)	
정리 주체 확정	가족이 직접 정리하거나 전문 유품 정리 업체에 의뢰	
예산 확보 및 견적	폐기물 처리, 특수 청소(필요 시) 등 예상 비용 확인	
필요 인력, 도구 준비	장갑, 마스크, 폐기물 봉투, 상자, 라벨, 운반 차량	
유가족 합의	유품 정리 범위 및 보존·폐기 기준에 대한 가족 간 합의	
2. 중요 유품 분류 및 선별		
재산, 법적 서류	현금, 통장, 도장, 신분증, 인감, 인감증명서, 유언장, 부동산·임대차 계약서, 보험증권, 증권, 채권 등	
디지털 기록물	노트북, 휴대전화, USB, CD, 외장하드 등(암호와 데이터 유무 확인)	
개인 기록물	일기장, 노트, 편지, 수기 메모, 앨범, 인화된 사진	
귀중품	귀금속, 보석, 고가 시계 등	
추억 물품	유가족이 간직하고자 하는 소중한 물품	
기타	반려동물 유무 및 입양 계획	
3. 폐기물 처리 및 공간 정리		
재활용, 기증 물품 분류	상태 좋은 가전, 가구, 의류, 도서 등을 분리해 기부처나 판매처 지정	
일반 폐기물 처리	일반 쓰레기, 음식물 쓰레기 등을 지정 봉투에 담아 배출	
대형폐기물 신고	가구, 가전 등에 지자체 대형폐기물 스티커를 부착해 배출하거나 전문 업체에 의뢰	

소각 물품 처리	개인 정보가 담긴 기록물, 사진 등을 전문 소각 시설에서 처리(업체 의뢰 시 소각 증명, 사진 요청)	
특수 청소(필요 시)	고독사 등 특수 상황 발생 시 살균, 소독, 탈취, 오염물 제거 등 전문 청소 업체에 의뢰	
공간 청소 및 복구	기본 청소(쓸고 닦기) 완료 및 도배, 장판 등 원상 복구 계획 수립	
4. 행정 및 사후 관리		
사망신고	사망일로부터 1개월 이내 관할 주민센터에 신고	
상속인 금융 조회	안심상속 원스톱서비스 등을 통해 금융자산, 부채, 보험 등 확인	
부동산 처리	고인 명의의 부동산 정리(상속, 매각 등)	
차량 처리	명의이전 또는 폐차(필요 서류 준비)	
통신 서비스 해지, 이전	휴대전화, 인터넷, 유선전화, 각종 구독 서비스(OTT 등) 해지 또는 명의 변경	
우편물 주소 변경	고인에게 오는 우편물, 청구서 주소 변경 또는 수취 거부	
유품 보관 및 분배	간직할 유품에 대한 유가족 간 최종 분배 완료	

생각·시간·공간을 다시 세우다
정리로 시작하는 인생 리셋

제1판 1쇄 인쇄 | 2026년 1월 30일
제1판 1쇄 발행 | 2026년 2월 6일

지은이 | 정경자
펴낸이 | 하영춘
펴낸곳 | 한국경제신문 한경BP
출판본부장 | 이선정
편집주간 | 김동욱
외부기획 | 이진아 콘텐츠컬렉션
책임편집 | 마현숙
교정교열 | 박선영
저작권 | 백상아
홍보마케팅 | 김규형·서은실·이여진·박도현
디자인 | 이승욱·권석중
외부디자인 | 정현옥

주 소 | 서울특별시 중구 청파로 463
기획편집부 | 02-360-4556, 4584
홍보마케팅부 | 02-360-4595, 4562 FAX | 02-360-4837
H | http://bp.hankyung.com E | bp@hankyung.com
F | www.facebook.com/hankyungbp
등 록 | 제 2-315(1967. 5. 15)

ISBN 978-89-475-0238-2 03590

책값은 뒤표지에 있습니다.
잘못 만들어진 책은 구입처에서 바꿔드립니다.